烟台大学黄海法学文库

行政特许权担保问题研究

纪力玮——著

XINGZHENG TEXUQUAN DANBAO
WENTI YANJIU

法律出版社
LAW PRESS·CHINA
北京

图书在版编目（CIP）数据

行政特许权担保问题研究 / 纪力玮著. -- 北京 :
法律出版社, 2024. --（烟台大学黄海法学文库）.
ISBN 978 - 7 - 5197 - 9441 - 5

Ⅰ. D923.24

中国国家版本馆 CIP 数据核字第 202400PC11 号

行政特许权担保问题研究
XINGZHENG TEXUQUAN DANBAO WENTI YANJIU

纪力玮 著

策划编辑 陈 睿
责任编辑 陈 睿
装帧设计 汪奇峰

出版发行 法律出版社
编辑统筹 法律出版社
责任校对 张翼羽
责任印制 胡晓雅
经　　销 新华书店

开本 710 毫米 × 1000 毫米 1/16
印张 13 **字数** 174 千
版本 2024 年 9 月第 1 版
印次 2024 年 9 月第 1 次印刷
印刷 唐山玺诚印务有限公司

地址:北京市丰台区莲花池西里 7 号(100073)
网址:www.lawpress.com.cn
投稿邮箱:info@lawpress.com.cn
举报盗版邮箱:jbwq@lawpress.com.cn
销售电话:010 - 83938349
客服电话:010 - 83938350
咨询电话:010 - 63939796

书号:ISBN 978 - 7 - 5197 - 9441 - 5
定价:56.00 元

凡购买本社图书,如有印装错误,我社负责退换。电话:010 - 83938349

总　序

张卫平[*]

坐落于胶东半岛黄海之滨的烟台，不仅是我国的历史文化名城、最佳中国魅力城市之一，也是我国法学研究和法学教育的重镇。作为法学研究和教育的重要基地，烟台大学法学院从1984年创建以来，在法学研究和法学教育这两个方面都作出了突出的贡献。法学研究方面，在老中青三代法学家的共同努力之下，研究业绩亦令学界瞩目。尤其是在民法学研究领域，其一直处于前沿方阵之列，为我国民法学研究的一支重要力量，2016年烟台大学法学院成为中国法学会"民法典研究方阵"理事单位就是其明证。

进入21世纪20年代，齐鲁大地在政治、经济、文化各个方面进入了新的发展时期。烟台大学也迎来了新的机遇，进入了发展的高速通道。随之，烟台大学的法学事业也进入了一个崭新的发展阶段。由法律出版社推出的"烟台大学黄海法学文库"研究丛书系列正是烟台大学法学新一轮发展的表征，是烟台大学法学研究发展的必然。

"烟台大学黄海法学文库"作为一个学术展示"平台"，不仅展示了烟台大学法学工作者最新的一批法学研究成果，也体现了烟台大学法学持续发展研究的实力和潜力，必将激励和推动烟台大学法学工作者，尤其是青年教师的科研工作，不断提升其研究品质和

* 烟台大学"黄海学者"特聘教授、清华大学教授。

能力。

即将出版面世的"烟台大学黄海法学文库"丛书在其选题上，无一不是我国法学研究的前沿课题，反映了撰稿人对其相关研究领域中前沿问题把握的学术敏感性。在问题的提出、研究路径的选择、命题的概括及论证、研究方法和资料的运用等方面，均体现了著述人的心智和努力。如关涛教授的专著《我国典当法律制度研究》，通过回顾我国典当制度的发展史，结合现代民商法理论，对于典当实务中存在的难点问题进行了系统阐述和论证，并在此基础上，对于我国典当制度的完善提出了建设性意见；于海防教授等的专论《消费者在线权益综合保障机制研究》一书，面向网络消费领域，系统、深入地研究了消费者在线权益保障机制问题，对我国消费者在线权益保障制度的建构和实践提供了有益理论指导；毕潇潇副教授的研究作品《临时禁令制度研究》不仅为我国禁令制度的建构提供了域外制度建构、实践及理论样本，并结合我国的行为保全制度进行了阐述，是为我国相关领域研究的"解渴"之作；陈浩副教授的著作《网络即时通讯记录司法认定问题研究》关注了证据实践中的前沿问题——网络即时通讯记录证据，作者通过对这一问题的深入研究，以破解该类证据实践运用中的困境与难题。在此，笔者不能一一列举丛书中十余种专著的主题和意义，仅在此提示这套丛书的创新性、前沿性和发展性值得学界和实务界关注。

笔者注意到，这套丛书的作者主体以"80后"的青年教师为主，系清一色的法学博士，是烟台大学法学研究的生力军。他们的研究视野更加开阔，更善于吸收先进的理念和方法，思维更加活跃和灵动，研究更富有激情和热情，这无疑为"烟台大学黄海法学文库"的创新性、前沿性和发展性提供了最充分的保障。

烟台大学是我国大学中与大海"最亲密接触"的大学。在校园内，人们就能深深地呼吸到大海的气息，看到浪花的跳跃。因此，我有理由相信，烟台大学法律人也自然具有大海的胸襟和气魄，也敢于在法学研究的“大海”中搏击，在风浪中探索前行，成为我国法学研究新时代的“冲浪者”“弄潮儿”。

“烟台大学黄海法学文库”的推出，正是烟台大学法学在前行中打出的“旗语”！烟台大学法学也将在法学研究的“航程”中不断前行，高歌猛进！

笔者作为烟台大学“黄海学者”特聘教授，受法学院之托，为此书作总序，于我无疑是一件极大的幸事和荣誉，也是一种责任。

2022年3月11日于清华园

前　言

依据《行政许可法》规定及学理通说，行政特许权整体上可分为自然资源特许使用权、公共资源特许使用权以及特许经营权三类。这三类行政特许权所具备的共同特征之一，是具有强烈公权属性却又内含巨大财产价值。因此，若要确定行政特许权是否可设定担保，行政特许权是否具备私权属性和财产权属性是解决这一问题的前置性要件。行政特许权虽由公法所规定并具备强烈的公法属性，但在特许权人行使特许权的过程中又无时无刻不透露着私权的特征。行政特许权所呈现的私权特征无法也不应被忽略，不应拒绝行政特许权进入民事领域。但是，行政特许权受私法的调整并不意味着所有类型的行政特许权均可被允许设定担保物权。虽然行政特许权可以被视为一项私权，但各类行政特许权不一定均可被视为财产权，这也就意味着并非所有的行政特许权均可设定担保物权。自然资源特许使用权与公共资源特许使用权应被归属于财产权，而特许经营权则是一项具有强烈身份属性的私权。因此，特许经营权不应被允许设定担保物权。

在民法上，并非所有的财产权均可转让，而可转让性是财产权可设定担保的前提。因此，行政特许权即便具备财产权属性且能够被私法所调整，但若不具备可流转性，依旧无法在其之上设定担保物权。从现行法对行政特许权是否可流转的规范来看，主要存在三种模式：一是在符合特定条件下允许流转；二是明确禁止某类行政特许权的流转；三是对特定行政特许权是否可以流转未置可否。实际上，在认可行政特许权具有私权特征以及财产权属性之后，在不违反公序良俗以及特定约定的前提下，原则上应当认可行政特许权的可流转性，继而承认行政特许权的可担保性。简言之，在承认行政特许权的私权属性与可流转性的前提下，原则上可以以行政特许权设定担保物权，但并非所有类型的行政特许权均可被允许设定担保物权。例如，自然资源特许使用权与公共资源特许使用权虽然可被认定为财产权，但并不等于均可设定担保物权。某些具有特殊用途，如具有军事用途的特许权原则上是不允许被流转的，在此类行政特许权之上也不能设定担保物权。

行政特许权担保不同于行政特许收益权担保，行政特许收益权担保亦不能代替行政特许权担保发挥足够的作用。因此，在实践中也就不能否定行政特许权人同时设定两类担保物权的可能性。除了可被纳入应收账款质押体系下的行政特许收益权可设定质押权以外，具有财产价值和可让与性的行政特许权基于《民法典》第395条的规定，应当允许设定抵押权。值得注意的是，行政特许权担保主要是从实践推动而来，在尚无法律明确规范的前提下，行政特许权担保形式、当事人之间的权利义务关系、实现程序等问题实际上均由合同进行约定。换句话说，基于意思自治而形成的合同促使物权法定原则缓和，继而也与我国《民法典》确认的担保物权功能主义思想相契合。因此，当下应重视保护行政特许权人基于担保合同所享有的权利。在行政特许权担保人未办理登记的情况下，担保人在担保合同中通常已经做出以特定担保物为涉案债权实现提供担保的明确意思表示，未办理担保物登记之事实并不导致该意思表示的消灭，担保人仍应就担保合同项下的相关约定承担合同义务与责任，债权人可基于担保合同要求对方履行合同责任。

从我国担保物权的设定来看，不动产担保物权的设立总体上以登记为公示方式；但权利担保的公示方式却出现了不同，公示方式逐渐从以占有方式为主而向登记方式转移。行政特许权担保应选择登记作为其公示方式，且应采取登记生效主义。就行政特许权担保登记机关来看，虽然当下担保物权登记制度立法趋势是尽可能地实现登记机构的统一以及推动信息平台的互联。但由于我国立法并没有采用行政特许权这一概念，行政特许权项下的权利及其担保登记机关较为分散。因此，需要注意区分行政特许权担保物权登记机关与监督机关之间的权限与关系，尽可能减少登记机关的分散。就行政机关对行政特许权担保物权设定问题的审查内容来看，应分为事前审查与事后审查两种情况进行讨论。虽然行政特许权担保物权的实现会涉及权利的流转问题，但并不完全等同于行政特许权流转。一方面，主债权实现后，已设定担保物权的行政特许权并不需要进行流转；另一方面，确需流转的行政特许权在实现过程中并不一定符合法律规定的流转条件。因此，行政机关对行政特许权担保物权的设定登记与流转事项的审查重点应当是不同的。行政特许权人进行担保物权设定登记时，行政机关对权利的审查应当以原则性、程序性条件为主，担保融资风险由担保当事人之间承担，由金融机构进行实质上的风险调查与评估。一旦债务不能清偿，行政特许权需要进入流转阶段，则需要行政主管部门对特许权流转相关条件进行实质性审查，对受让人主体资质、受让条件等问题进行考量。

就行政特许权担保的实现问题，实践当中还存在诸如特许权交易立法分散且标准差异较多、受让主体资格受到严格限制、特许权流转市场不成熟导致的资产处置风险加大等问题。行政特许收益权担保的实现还具有其自身的特殊性和一定的疑问，如收取收益主体的确定问题、能否折价变价以及拍卖的问题。从行政特许权担保实现路径来看，担保物权人既可在一定限度内自行处分担保物权，亦可声请司法机关实现行政特许权担保物权，后者离不开司法机关与行政机关的相互协调与配合。当然，针对行政特许权之担保，一方面涉及资金较为庞大，另一方面由于开发规划条件较为严格，因此在针对行政特许权进行拍卖时会存在无人接盘之风险。面对此类情况，可以借鉴特许经营权领域存在的“强制管理”手段，在符合特定条件时可允许国家或政府对该特许权采取强制管理，在条件允许的情况下还可允许国家行使优先回购权。

目　　录

绪　论 …………………………………………………………………… 001

一、选题的背景和意义 ……………………………………………… 001

二、研究现状 ………………………………………………………… 010

三、本书的基本架构 ………………………………………………… 019

四、研究方法 ………………………………………………………… 022

五、研究对象的界定 ………………………………………………… 023

第一章　行政特许权的担保适格性 ………………………………… 025

第一节　行政特许权的类型范围 …………………………………… 025

一、自然资源特许使用权 …………………………………………… 026

二、公共资源特许使用权 …………………………………………… 032

三、特许经营权 ……………………………………………………… 036

第二节　行政特许权担保适格性的要素 …………………………… 039

一、行政特许权属性上具有特殊性 ………………………………… 040

二、自然资源特许使用权的私权性 ………………………………… 043

三、公共资源特许使用权的私权性 ………………………………… 057

四、特许经营权的私权性 …………………………………………… 060

五、行政特许权的可流转性 ………………………………………… 076

第二章　行政特许权担保在民法担保物权体系中的定位 ………… 081

第一节　行政特许权担保的特殊性 ………………………………… 082

一、行政特许权担保问题立法现状分析 …………………………… 082

二、行政特许权担保设定的困境 …………………………… 088
三、行政特许权担保不同于国家公物担保以及行政特许收益权担保 …………………………………… 091
四、尚难形成统一的行政特许权担保制度 ……………… 099
第二节　行政特许权设立担保的类型 ……………………… 102
一、行政特许权担保物权之设定 ………………………… 103
二、自然资源特许使用权担保与土地/海域使用权担保之协调 ……………………………………………… 108
三、行政特许收益权担保物权之设定 …………………… 116

第三章　行政特许权担保的公示方式及其效力 ………… 125
第一节　行政特许权担保公示方式之择定 ……………… 125
一、行政特许权担保公示方式尚不明确 ………………… 125
二、动产/权利担保登记与不动产担保登记存在联系 ………… 126
三、行政特许权担保之公示方式 ………………………… 127
第二节　行政特许权担保登记效力之择定 ……………… 129
一、行政特许权担保物权登记不同于行政备案登记 ……… 129
二、行政特许权担保应采登记生效主义 ………………… 131
三、行政特许权担保未经公示时的效力认定 …………… 135
第三节　行政特许权担保登记机关之界定 ……………… 143
一、行政主体于行政特许权之上义务履行的差异性 ……… 143
二、行政特许权担保登记机关的有限统一 ……………… 149

第四章　行政特许权担保的实现 …………………………… 156
第一节　行政特许权担保实现中的困境 ………………… 156
一、行政特许权流转市场不成熟 ………………………… 156

二、行政机关提前收回行政特许权对行政特许权担保产生影响 ······ 160
三、行政特许收益权担保设立存在潜在风险 ······ 161
四、行政特许权以及行政特许收益权担保实现方式存在制度障碍 ······ 161
五、股权担保实现导致的行政特许权变相转让 ······ 163
第二节　行政特许权担保的实现进路 ······ 167
一、行政特许权担保实现之路径 ······ 168
二、国家作为行政特许权担保流转受让主体之考量 ······ 176
三、行政特许权担保实现过程中对权利人的保护 ······ 181

结　论 ······ 190

后　记 ······ 192

绪　　论

一、选题的背景和意义

（一）选题的背景

实现民事立法的体系性和科学性是《民法典》编纂的意义之一。但是，现有的民事法律规范和其他部门法规范在行政特许权担保问题上还存在一定程度的“非体系化”和“非科学化”的特点。如此，一方面，我们应当从解释学角度尽可能使基本法与特别法之间相互协调以实现逻辑上的一致；另一方面，需要对确有矛盾的部门法进行清理与补正。从宏观来看，针对特许权担保的选题，核心疑问有四：具有公法属性的行政特许权能否设定担保物权？若能够设定担保，那么可以设定何种类型的担保物权？行政特许权设定担保物权的公示方式及效力应当如何？行政特许权担保物权实现过程中又存在哪些问题？

与本选题直接相关的文献主要有：严聪博士的《论行政特许权担保在民法典编纂中的整合与重构》一文。另外，由于行政特许权是一种基于公法产生而被赋予一定私法效力的权利，在公权与私权交叉的语境下，又有王克稳教授的《行政许可中特许权的物权属性与制度构建研究》、王智斌的《行政特许的私法分析》、孙丽岩的《授益行政行为研究》等著述。需要指出的是，我国《行政许可法》第 12 条第 2 项并未明确使用“行政特许权”这一概念，但理论上普遍将第 2 项中的自然资源特许使用权、公共资源特许使用权和特许经营权统称为行政特许权，故本书也在此基础上着重对这三类权利的担保问题进行探讨。针对上述三类权利，又分别有张牧遥教授的《国有自然资源特许使用权研究》、崔建远教授的《自然资源物权法律制度研究》、邢鸿飞教授的《公用事业特许经营法律问题研究》、肖泽晟教授的《论公共资源特许使用权转让之限制》《公共资源特许利益的限制与保护》、许军副教授的《独占性公共资源用益物权研究》、薛亮副教授的《城市污水处理业特许经营法律制度研究》等。但上述著述大多仅针对某一具体行政特许权的私权属性并对其进行分析，对行政特许权的担保问题探讨较少，抑或从宏观视角对行政特许权的公益性和私益性进行分析，试图给特许权担保划定可操作的统一标准但又忽视了三类权利各自的特性。总的来看，针对行政特许权担保问题，无论是立法上还是学理中，公法性较强，私法性不足，义务性规范占据较大篇幅，对行政特许权担保物权的行使与保护的问题探讨并不充分，主要存在以下几个具体问题：

疑问一：《行政许可法》第 12 条第 2 项中规定的三类“行政特许权”是否均可设定担保？

1. 自然资源特许使用权担保

就海域使用权来看，原国家海洋局（已撤销）于 2006 年发布的《海域使用权管理规定》第 42 条规定了禁止抵押的情形，这似乎意味着在海域使用权之上设定抵押权原则上是被允许的。罗施福教授在《论海域使用权设定抵押权的立法改进》中指出，《海域使用权管理规定》第 42 条有关海域使用权禁止抵押的情形包含了权利创设瑕疵和权利滥用之情形，不应当作为禁止抵押的范围。但原《物权法》没有规定海域使用权的流转问题，《海域使用管理法》仅规定了转让和继承两种流转方式，亦没有提及出租、担保和出资入股等流转方式。2016 年原国土资源部（已撤销）颁布的《不动产登记暂行条例实施细则》第 65 条在海域使用权设定抵押问题上予以明确认可。然而，海域使用权又可以细分为渔业用海、造地工程用海等多种类型，不同用海交易类型又存在自身的特殊性。虽然我国《民法典》已将海域使用权纳入可抵押的范围，但并未对其内容以及法律效力等问题予以明确规定，是否允许所有类型的海域使用权设定担保物权亦有疑问。例如，费宏达教授认为，关于军事用海、公益性用海以及免缴海域使用金的海域，根据其设立目的、取得方式的特殊性，应当对这类海域使用权的流转加以禁止和限制。再如，我国法学理论中存在的“水权”概念。在立法上，我国《水法》未使用水权的概念，在各类水资源的使用中，明确设定为特许权的水资源使用权是取水权。国务院《取水许可与水资源费征收管理条例》第2条规定了取水的含义，主要包括利用取水工程或者设施直接从江河、湖泊或地下取用水资源的活动。那么就水利项目来看，我国水利设施产权归属、经营主体等问题尚不十分明晰，实践中难以设定有效担保物权。但若能厘清各方疑问，“水权”能否设置担保，有待考量。此外，我国《无线电管理条例》也未对无线电频谱资源用益权的担保问题作出规定。但在地方立法中，有的针对商业用无线电频谱的流转态度似有所松动。

2. 公共资源特许使用权担保

我国《行政许可法》对公共资源并没有进行明确的类型划分，但就实践来看主要存在两种类型：一类是需要特定主体经特许许可取得使用权才能使用该资源，此类资源主要包括公物利用类公共资源特许和公用事业类公共资源特许；另一类是并不需要特定许可程序即允许公众合理使用的资源。由于我国立法上对公共资源特许使用的规定极不完善，因此，在分析时需要从我国分散的立法结合公共资源使用的实际情况对我国公共资源特许使用的内容和种类进行分析，继而探讨可担保性问题。公共资源特许使用权的特殊性在于，很多情况下它并非既得且稳定的权利。行政机关为了实现行政目的，往往针对权利人本身的特殊情况给权利人施加了特别的义务，具有一定的人身专属性。因此，肖泽晟教授在《论公共资源特许使用权转让之限制》一文中指出，原则上不能在这种财产上随意设定担保，随意转让或者出租，并使之成为行政机关或者法院强制执行的标的。其能否转让或者设定担保，将受制于公共资源本来的公共用途和所服务的公共利益的需要，必须取得行政机关的同意。

3. 政府特许经营权担保

从我国立法来看，有的立法明确禁止经营者设定担保，如《湖南省市政公用事业特许经营条例》第 23 条规定，经营者不得质押特许经营权。有的立法规定未经特许人同意，经营者不得设定担保。如《深圳市公用事业特许经营条例》第 24 条规定，未经市政府同意，不得以转让或者出租、质押等方式处分特许经营权。[①] 有的立法将特许经营权的权利内容分拆开来，对不同的特许经营权担保作出分别规定，如《新疆维吾尔自治区市政公用事业特许经营条例》将特许经营权划分为投资权、建设权和运营权，并禁止特许经营项目运营权设定担保。有的没有明确特许经营权是否允许设定担保，如住房和城乡建设部发布的《市政公用事业特许经营管理办法》第 18 条仅禁止特许经营权擅自转让、出租的行为以及擅自处置或抵押经营的财产的行为。从实践来看，借款人以特定特许经营权（如污水处理厂、天然气供应等特许经营权）向金融机构设定担保的情形并不鲜见，但是否所有类型的特许经营权均能够成为权利担保标的物，尚无统一结论。

疑问二：三类行政特许权可设定的担保方式是什么？

在通常情况下，可设定担保的行政特许权被认为可以设定抵押，但在能否设定质押的问题上，理论界存在争议。另外，在学者的研究中有时混淆了行政特许权的担保与行政特许权收益的担保，在研究过程中产生了一定的误判。针对出现的诸多问题，需要进行进一步的研究与探讨。

就自然资源特许使用权担保来看，以海域使用权担保为例，虽然原

---

① 2003 年深圳市人民政府出台的《深圳市公用事业特许经营办法》第 14 条直接禁止特许经营权的质押；而深圳市人大在 2005 年颁发的《深圳市公用事业特许经营条例》仅禁止特许经营权人擅自质押特许经营权，就特许经营权可否质押的问题立法态度似有缓和。

《物权法》第122条明确将海域使用权规定为用益物权，使其与建设用地使用权、土地承包经营权等用益物权相并列，但原《物权法》第180条并没有将海域使用权明确列举在可设定抵押权财产的范围之中。在《民法典》颁行之后，海域使用权抵押问题不再是争议焦点，但需要继续考量的问题在于，海域使用权是否仅仅可以设定抵押权，是否亦可以设定质权？高圣平教授在《〈物权法〉背景下的海域使用权抵押制度——兼及物权法上的类推适用》一文中提到，海域使用权仅能设定抵押而无法设定质权，原因在于：质权需要转移“占有”，而海域使用权人至此便无法继续使用“转移占有”后的海域使用权，此际海域使用权即成为沉淀财产，未能达到该权利的设定目的。再如，就矿业权担保的设定来看，原国土资源部《矿业权出让转让管理暂行规定》，财政部、国家税务总局《增值税暂行条例实施细则》《关于固定资产进项税额抵扣问题的通知》等规范性文件中明确规定，矿产资源属不动产，矿业权适用不动产法律法规的调整原则。同时，基于原《物权法》第180、184条的规定，矿业权作为法律、行政法规未禁止抵押的一类财产权，其作为抵押财产，在法律层面上似乎并无障碍。但矿业权可否设定质押，多数观点采否定的态度。如郭晓丽在《矿业权抵押担保风险分析及防控》一文中提出，我国采取的是有限权利质押模式，除已被法律明确列明的财产权利可被允许设定质押外，其他没有被明确提及的财产权利不应被允许设定质押担保。

就公共资源特许使用权担保和政府特许经营权担保问题来看，任海青研究员在《公共资源特许制度研究》中提出，特许权证书是公共资源特许权的权利载体，因此法律应当允许其质押。但是，在出质人因不能偿还到期债务时，质押权人不能直接取得特许权，其取得特许权需要按照法定的程序由双方向特许权授予者提出申请并经批准，否则质押权人应当找到具备特许经营条件者，经双方协商同意购买特许权并经过特许权授予者同意的情况下实现自己的权利。陈本寒教授认为，用益物权和准物权在土地上成立或与土地密不可分，因此具有不动产的属性，其上设立的担保物权构成权利抵押权，而哪些权利属于不动产用益物权和准物权，一国法律均有明确规定，除此以外的其他财产权利均属于动产性质的“财产”，其上设立的担保物权为权利质权。但董学立教授提出了相反的观点，他认为基于原《物权法》第180条第7项判定我国规定的抵押权为“泛抵押权”，继而认为那些“权利质权”章节没有明示可以质押的权利也可被抵押。

疑问三：行政特许权担保物权是否需要以登记作为公示方法？若以登记为公示方法，应采何种效力？

就自然资源特许使用权来看，海域使用权担保设定公示方式及效力原有争议。在以“法律、行政法规未禁止抵押的其他财产”抵押时，抵押权自何时设立的问题上，原《物权法》和《民法典》并未作出明确规定。学者间对于不同的行政特许权担保物权设立条件的认定也有所差异。从解释上来看，抵押权的设定以不转移占有为特征，自应以登记作为公示方式。但究竟应当采登记生效主义还是登记对抗主义尚有疑问。现有的相关文献多主张海域使用权抵押权应采登记生效主义，但未说明理由。高圣平教授认为，我国原《物权法》对建设用地使用权抵押权、土地承包经营权抵押权均采用登记生效主义，海域使用权作为与建设用地使用权、土地承包经营权同类的用益权利，本着同一事件作同一处理的法适用原理，亦应从登记之日起生效①。当然，《民法典》第402条明确了针对海域使用权抵押采取登记生效主义，因此，海域使用权设立公示方式及效力便无过多疑问。但需要考虑的是，其他自然资源特许使用权抵押是否应与海域使用权抵押的公示方式及效力保持一致？如矿业权抵押权的设立方式以及生效时间的确定，公示规则的适用以及

---

① 参见高圣平：《〈物权法〉背景下的海域使用权抵押制度——兼及物权法上的类推适用》，载《海洋开发与管理》2005年第2期。

公示效力的明晰等问题，目前尚无明文规定。现行法律、行政法规未明确矿业权抵押的登记机构，国务院《不动产登记暂行条例》亦未将矿业权列入不动产统一登记范围。另外，在矿业权的相关立法中频繁出现以“备案”这样的程序性字眼取代登记这种公示方式，矿业权抵押中登记和备案的效力较为模糊。有观点认为，矿业权抵押权作为不动产物权，应当采登记生效主义①。有观点认为，矿业权抵押应采登记对抗主义②。还有观点认为，针对矿业权抵押，应设立矿业权抵押备案服务中心，由有关机关负责办理抵押备案登记。备案登记的效力有二：一为对抗效力；二为优先效力③。

就政府特许经营权担保的公示来看，在担保贷款实践中，有的将特许经营权以收益权作为应收账款出质，到中国人民银行征信中心办理登记手续；有的需要到特许经营权主管部门取得“同意质押担保”的批复、承诺等。从司法判决看，人民法院对特许经营权的公示问题亦没有统一的解决思路，如有法院认为将相关的特许经营权批准证书交由贷款人保管，即为履行了交付占有质押物权证手续。不同的判定给权利人造成了较多的不确定性。值得一提的是，国务院决定于2021年1月开始对动产和权利担保实行统一登记，能否顺利解决政府特许经营权担保公示问题还需要作进一步讨论。

疑问四：行政特许权担保物权实现过程中存在的问题

行政特许权的特殊性决定了行政特许权担保实现过程中可能存在一些问题。就行政特许权担保权的实现来看，主要面临的问题是：(1) 如何既防止特许权过度的商业化，又能保障担保权人的合法利益？(2) 主管部门是否有必要在担保物权设立之前对担保物权人等利害关系人的资

---

① 参见房绍坤：《矿业权法律制度研究》，中国法制出版社2013年版。

② 参见许朋伟、胥莉：《浅议矿业权抵押》，载《法制与经济（中旬刊）》2010年第6期。

③ 参见郭晓丽等：《矿业权抵押担保风险分析及防控》，法律出版社2015年版。

质以及可能出现的风险进行审查？（3）国家是否应当享有优先回购权？这里，以自然资源特许使用权担保物权的实现为例进行说明。

就海域使用权抵押权实现来看，实践中普遍存在海域使用权抵押权实现难的问题。首先，海域使用权虽然可以流转，但缺乏具体的实施细则，而且海域使用权价值难以确定，海域使用权流转市场尚未设立，给海域使用权抵押权实现带来了困难。其次，在海域使用权实现时，在折价的情况下，当事人应当满足《海域使用权管理规定》等规定的法定转让条件。若在抵押权实现过程中未满足法定转让条件，如何认定当事人之间达成的海域使用权抵押协议效力，存在疑问。最后，各地银行接受海域使用权抵押大多是在政府推动下进行的，从事海域使用权抵押的银行也大多是农业银行、农村信用社等从事政策性存贷业务的银行，银行存在一定的处置风险。

就矿业权抵押来看，根据2023年颁发的《自然资源部关于进一步完善矿产资源勘查开采登记管理的通知》之规定，探矿权与采矿权的主体需要满足探矿、采矿的法定条件才可行使相关权利。就采矿权的抵押来看，矿业权人主要是向银行进行抵押融资，而在银行要求实现抵押权时，由于自身不具备继受主体资格，因此也就无法以“折价”方式实现抵押权，而只能以拍卖变卖方式进行，从而加大了抵押权实现的难度。那么，如何使行政特许权担保物权的实现路径更为顺畅是值得继续思考的又一问题。

（二）选题的意义

针对行政特许权探讨担保物权项下的相关问题，主要有以下几方面原因：

1. 从行政法角度来看，行政特许权相较于普通行政许可而言存在一定的特殊性。就当前的研究来看，学界以对行政特许权的公法研究为主，针对行政特许权进入民事领域是否适用民法规范以及如何适用民法规范的问题欠缺较为体系性的思考。首先，从形式上看，行政主体通过行政特许制度将特定权利转移给行政特许中的受许人，令其享有了与行政主体“相似的权利”。由于这类权利来源于行政主体且与公共利益具有极大关联，在行政特许权人行使权利的过程中，需要保证公益性的维持。其次，受许人在获得特许权利的同时也需要履行与行政主体“相似的义务”，行政特许中受许人负担的义务在权利的行使过程中扮演着极为重要的角色。因此，受许人如何把握义务履行的尺度以更好地达到权利行使之目的是不可忽视的一大问题。最后，虽然行政主体通过特许的方式将权利交由受许人行使而不再由自己直接履行特定职权，但行政主体仍然需要对权利的行使进行监督与管理。当行政特许权人在运营过程中出现困难时，行政主体便需要“浮出水面”，对维护特许权的正常行使提供适当的帮助，在必要时还需对该特许权进行临时接管或最终接管。也正基于此，行政特许权释放着浓重的公权意味，如何将行政特许权更好地融入民事担保交易之中以适应当下经济发展现状，是研究此课题的意义之一。

2. 从民法角度来看，在我国民法学界，学者将某些行政特许权纳入用益物权体系进行研究，如崔建远教授的《准物权研究》。在制度层面，海域使用权、探矿权、采矿权、取水权以及使用水域、滩涂从事养殖、捕捞的权利已经被原《物权法》第122、123条创设为用益物权且被《民法典》所延续。那么，对行政特许权担保问题的研究能否就等同于准物权或者用益物权担保问题的研究？答案应当是否定的。一方面，作为由行政法所创设、由行政机关以特许许可方式授予的权利，特许权首先应当是一个公法课题。若仅从私法角度考虑，将行政特许权定性为用益物权或准物权，可能会忽视其应有的公法特征以及应当受到的公法限制。另一方面，“准物权”与“行政特许权”二者范围存在交叉关系。“准物权”概念并不能囊括行政特许权之全部范围，但又包含基于行政许可或其他事实而生之权利。实际上，虽然某些行政特许权已获得《民法典》的规范，但在整个民法体系下难以得到尽如人意的反映，更莫说关于行政特许权担保问题的规范。在研究担保物权客体的过程中，与《行政许可法》项下关于“行政特许权”之权利尽可能进行对照，从解释论角度理顺公法与私法之间关于行政特许权担保问题的关系，可以更好地解决当下关于此问题所产生的现实矛盾。

3. 从行政特许的相对人角度来看，对行政特许权担保问题进行探讨有利于权利人的法律保障。就行政特许的理论研究来看，存在两个不同的视角：一是从行政机关行政许可权的角度；二是从相对人特许权利的角度。这两个不同的角度研究的内容当然是不同的：前者主要研究的是如何监督和控制行政主体对特许许可权力的行使（这亦是行政行为理论研究的主要视角），后者主要是研究如何构建对特许权人依法取得的特许权的法律保护体系与保护制度（侧重探讨包括特许权人、担保物权人等在内的私人利益之保护）。本书以特许权人的权利为基点，考虑其所享有的行政特权担保物权的设定与实现的问题，有助于弥补当下针对行政特许权私权属性研究不足之问题。因此，本书试图从行政相对人（行政特许权人）的角度来探讨行政特许权担保问题。

二、研究现状

从学理上看，行政特许权能否作为担保标的，理论上有不同认识。一种观点认为，行政特许权不能单独作为担保标的。理由在于，行政特许权的权利状态极其不稳定，行政机关“时收时放”，即使其具有一定的财产价值，也不能设定担保。① 另一种观点认为，应当直接将“行政特许权”独立列为一类担保财产。② 若要解决行政特许权的可担保性问题，需要从以下几个方面进行考量：首先，公法上的权利与私法上的权

① 参见王利明：《收费权质押的若干问题探讨》，载《法学杂志》2007 年第 2 期。

② 参见严聪：《论行政特许权担保在民法典编纂中的整合与重构》，载《山东社会科学》2019 年第 2 期。

利相衔接的问题，既要充分考虑国家所有权的宪法意义、公法属性和应当受到的限制，又要考虑如何通过公法制度安排而获得的这类与公共利益不相容的私人利益。[①] 其次，就行政特许权的权利形态来看，有无形财产说、行政特许物权说、国家所有权说、准物权说、用益物权说等，对权利性质的不同认定决定了后续配套规则的设置。[②] 最后，需要厘清的一个问题是，行政特许权的担保与实践中以行政特许收益权为客体的担保是否相同。在以往的文献中，学者往往未明确区分二者的关系，而严聪博士在《论行政特许权担保在民法典编纂中的整合与重构》一文中明确提出：应当对二者进行区分，行政特许收益权的担保不同于行政特许权担保，前者应当归入应收账款担保的范畴。因此，需要对行政许可中的特许权担保问题进行全面的分析以期解决现实争议问题。

从立法上看，首先，在我国现行法上，部分行政特许权确实已经得到民法及特别法的肯定，但立法上对此类权利往往仅是单纯列举，并未对相关权利的含义、内容、得丧变更的具体规则和法律效力予以详细规定，由此便产生了一系列疑问，应当如何区分特许与普通许可就是一个难题。一方面，《行政许可法》本身对行政特许权范围的界定尚不明确；另一方面，民法上的特别规定又存在一定程度上的差别，对于同一许可行为，其适用的条件不同可能也会导致性质的差异。其次，《民法典》并未在抵押和质押的财产范围中统一使用“行政特许权”，也未单

---

① 相关著作主要包括王克稳：《行政许可中特许权的物权属性与制度构建研究》，法律出版社 2015 年版；杨建顺：《行政规制与权利保障》，中国人民大学出版社 2007 年版；［美］罗伯特·考特、托马斯·尤伦：《法和经济学》（第 6 版），史晋川等译，格致出版社、上海人民出版社 2012 年版；［日］美浓部达吉：《公法与私法》，黄冯明译，中国政法大学出版社 2003 年版。

② 参见钱明星：《我国用益物权体系的研究》，载《北京大学学报（哲学社会科学版）》2002 年第 1 期；吴汉东：《财产的非物质化革命与革命的非物质财产法》，载《中国社会科学》2003 年第 4 期；任海青、张鹏：《行政特许物权制度研究》，载《南京社会科学》2016 年第 2 期；崔建远：《准物权研究》（第 2 版），法律出版社 2012 年版。

独列举某种“准物权”。基于法律解释和行政文件的表述，对“准物权”设定的担保通常被归入抵押权的范畴。例如，中国人民银行2007年颁行的《应收账款质押登记办法》（现已失效）第4条将“供应水、电、气、暖，知识产权的许可使用；公路、桥梁、隧道、渡口等不动产收费权”纳入应收账款范围之中，即权利人可基于上述权利设定“应收账款”质押。但由于上述条文采取列举式表述，没有形成统一抽象的规定，现实中出现的诸如采矿权、排污权、出租车经营权担保究竟应当如何定性、定位，不甚明了。在此，出现的疑问便是：在我国现行法上，各种行政特许权同为公法创设，是否可以整合归入一类担保财产？行政特许权究竟应当归入抵押还是质押的体系之中？最后，当前不同行政特许权担保登记的效力不完全统一和明确。特许的内容具有财产权属性，在形式上往往表现为许可证的转让。《行政许可法》将特许与普通许可分开规定并适用资源配置通常采用的招标、拍卖等公平竞争程序，表明立法上注意到特许的资源配置功能与财产权出让功能，但当设置抵押的行政特许权（许可）涉及可转让性问题时（《行政许可法》第9条），立法上又未完全肯定特许权的财产权利属性。因此，若对特定行政特许权设置担保规则，应当如何针对其设定担保规则与手段，存在一定的疑问。就金融担保来看，若要创新物的担保品种，则需要受到我国物权法定原则的限制。如碳排放权抵押的设定、出租车运营权担保物权的设定等，其效力需要通过对物权法定原则适用的解释来确定，但不同的解释方式又会出现不同的结果。

（一）关于行政特许的内涵

王克稳教授在《行政许可中特许权的物权属性与制度构建研究》一书中对行政特许的内涵问题作出了翔实细致的梳理。总的来说，在横向视角下，行政特许的内涵在大陆法系和英美法系之间存在差异，各法系内部也存在分歧。例如，在法国，行政特许“通常是指和行政机关签订合同，得到特别允许做某种行为，或使用公产的权利”，属于公务。[①] 德国法上的行政特许大致有三种含义：一是“特许经营模式”；[②] 二是指公民对某些公物特别使用的特许，如对水资源的经济利用；[③] 三是特别许可，指对不符合社会理想或有危害性的行为原则上予以禁止，在特别规定的情况下，施予个人做该种禁止行为的自由。[④] 在英国行政法上，需要许可证的活动有些是通常被禁止的行为，有些是受监督或受控制的行为。[⑤] 行政特许常被公法学者认为是一种规制方式，或是对象命令、控制等传统规制方式的补充或替代，特许意味着获得进行某种活动的短期垄断权或独占权以及用拍卖的机制控制市场准入等。[⑥] 我国国内对于行政特许的理解亦存在不同，如一种观点认为，特许是设权行为，是对特定人赋予其特定权利。[⑦] 另一种观点将特许理解为其适用条件和程序较普通许可或一般许可更为严格的许可。[⑧] 还有学者在总结了学界通说后将行政特许界定为在一些非干涉行政领域，作为特许人的行政主体，准许受许人从事和行政主体类似活动完成行政任务，受许人由此在特许中拥有与行政主体从事该活动时相似的特权，负有与行政主体自为

---

① 第二次世界大战之后，法国出现了大量工商业公务。这类公务在许多情况下并不适用行政法而是适用私法。参见王名扬：《法国行政法》，北京大学出版社 2007 年版，第 378 页以下、第 406 页。

② 参见［德］汉斯·J. 沃尔夫、奥托·巴霍夫、罗尔夫·施托贝尔：《行政法》（第 3 卷），高家伟译，商务印书馆 2007 年版，第 457 页。

③ 参见［日］大桥洋一：《行政法学的结构性变革》，吕艳滨译，中国人民大学出版社 2008 年版，第 196 页。

④ 参见［德］哈特穆特·毛雷尔：《行政法学总论》，高家伟译，法律出版社 2000 年版，第 212 页。

⑤ 参见王名扬：《王名扬全集：英国行政法、比较行政法》，北京大学出版社 2016 年版，第 95 页。

⑥ 参见［英］卡罗尔·哈洛、理查德·罗林斯：《法律与行政》（下），杨伟东等译，商务印书馆 2004 年版，第 512 页。

⑦ 参见张兴祥：《中国行政许可法的理论和实务》，北京大学出版社 2003 年版，第 64 页。

⑧ 参见胡建淼、江丽红：《行政法学》（第 3 版），中国人民大学出版社 2015 年版，第 35 页；姜明安：《行政法与行政诉讼法》（第 6 版），北京大学出版社、高等教育出版社 2015 年版，第 50 页。

该活动时相似之义务，行政主体对那些接受了特许服务的“受许人的对象人”依然负有潜在之间接义务的一种许可类型。[①]

（二）关于行政特许权的私权属性

明确行政特许权担保在公法和私法上的界限问题，是实现行政特许权担保问题的前置基础。第一，有利于平衡私人利益与公共利益。我们需要看到的是，特许权设定时所要保护的公共利益并不是唯一一项利益，在能够保护公共利益的同时仍然需要关注行政特许权人的私人利益。因此，通过明确公法和私法的界限，尽可能平衡担保物权关系中的个人利益与公共利益。第二，可以尽可能避免公权与私权之间就行政特许权担保问题产生矛盾而增加担保权人进入诉讼的风险。如果不在公法和私法之间划清界限，就容易导致法院和行政机关在强制拍卖、变卖行政特许权时，误以为司法权和行政权产生了权力冲突。由于我国司法权和行政权本身在效力上并无高下之分，在协调两种权力时会耗费司法和行政资源。[②] 若行政特许权因为公法限制而不能转让，则担保权人就不能实现担保目的；若行政特许权的转让突破了公法限制，则有违公共利益。如此就需要在制度上找到合理的方案，最大限度地兼顾两方利益。但如何协调与平衡个人利益与公共利益，如何界分行政特许权担保在公法和私法上的界限，存在一定的难度。换句话说，如若行政特许权人权利的行使并不会损害公共利益，就不应当对此行为作出过多干涉，这也有利于激励私主体在公共领域的再投资。

当下需要考虑的是，行政特许权是一种公法上的权利还是必然需要进入民事领域的一种私法上的权利。在迈耶看来，公法权利亦为行政法

---

① 参见翟翌：《作为特许人的行政主体与“受许人的对象人”之间关系的变迁及价值——一个行政过程论的视角》，载《学术月刊》2019 年第 6 期。

② 参见严聪：《论行政特许权担保在民法典编纂中的整合与重构》，载《山东社会科学》2019 年第 9 期。

体系中不可或缺的部分。[①] 行政法应当保障的权利主体除了被授予行政特许权的行政特许权人外，还应当包含诸如担保权人在内的间接相对人。另外，行政相对人在公法上的权利当然不仅包含申请权、参与权等，还应当包含具有公法效力的私权，如所有权、知识产权。[②] 通说认为，公法权利被认为是“公民由公法获得的权利”[③]，公民基于法律行为或为保护个人利益之法规范，得请求国家为或不为某种行为。[④] 有学者提出，就行政法而言，公法权利可以紧缩为：公民面对行政机关时享有为或不为的自由，或者对行政机关拥有的请求权。[⑤] 如此，行政特许权似乎可以包含在公法权利的范畴之内。但从我国立法来看，我国行政法上的“公法权利”多为程序性权利。实际上，区分公法权利与私法权利的意义并不重大。从我国《民法典》的立法来看，其规范本身不仅没有完全脱离行政权，反而赋予民事主体请求行政机关为或不为一定行为的权利，这一规定实际上已然与前文所述之“公法权利”的内涵相重合。换句话说，从私法权利的面向对象来看，其不仅面向平等主体，当然还要面向国家权力，通过限制国家权力以保证私权存在的空间。虽然《民法典》物权编主要调整的是民事主体之间的法律利益关系，但因物的归属和利用而在民事主体与公共利益之间发生的法律关系也可由物权编调整。[⑥] 另外，由于当前我国并没有完整的关于公法权利的教义学命题，当行政特许权人、行政机关以及担保物权人之间出现争议时，基于传统的围绕行政行为而构建起的行政法立法体系并不能给予

---

① 参见［德］奥托·迈耶：《德国行政法》，刘飞译，商务印书馆2002年版，第109～118页。

② 参见方世容：《论人身权、财产权的行政法属性》，载《湖北行政学院学报》2003年第4期。

③ 陈新民：《中国行政法学原理》，中国政法大学出版社2002年版，第58页。

④ 参见鲁鹏宇：《德国公权理论评介》，载《法制与社会发展》2010年第5期。

⑤ 参见王本存：《论行政法上的公法权利》，载《现代法学》2015年第3期。

⑥ 参见最高人民法院民法典贯彻实施工作领导小组主编：《中华人民共和国民法典物权编理解与适用》，人民法院出版社2020年版，第16页。

法官公法权利上的争议解决方法。

（三）关于行政特许权的财产权属性问题

行政特许权是否可以被认定为一种“公法上的物权关系”？普通法系国家从判例当中逐渐对公法上的物权与私法上的物权有了不同的认定。在大陆法系国家中，法国行政法划分了公产和私产[①]，法国行政法上一直对行政特许权是否构成“行政法上的物权”存在争议，虽无定论但实则证明了行政特许权所具备的物权特征。德国行政法承认了“公物”的设立，日本行政法设置了“公共营造物”。我国《物权法草案建议稿》曾将公共设施称为公有物和公共物。[②] 因此，有学者提出，由行政主体享有，不以营利为目的，为公共利益或为行政便利而对物占有、使用、管理和处分的权利即为行政法上的物权，依据设立目的的不同，可以将行政法上的物权划分为公务用物物权和公益用物物权。[③] 但在法国学者看来，没有一个完全一致的公产制度，只有一个等级不同的梯形结构的公产制度。[④]

我国学者对行政特许权的财产权属性问题亦有诸多观点。有学者提出，其应当是公法上的物权。有学者提出，我国公物概念缺位，使公物与“私物”的区分无从显现，进而使以“私物”为逻辑前提预设的“民法一般原理”，公物所寄托的公共利用的福祉被无视乃至剥夺。[⑤] 有学者将行政许可的结果分为财产权利转让许可与行为自由许可，将对资源的使用权、开采权或经营权视为财产权利。[⑥] 有学者将物权分为公法

① 法国法院与学界又将公产分为公众直接使用的公产和公务用公产。

② 参见梁慧星编著：《中国物权法草案建议稿：条文、说明、理由与参考立法例》，社会科学文献出版社2000年版，第218页。

③ 参见刘丽萍：《行政法上的物权初探》，载《政法论坛》2003年第3期。

④ 参见［法］狄骥：《宪法论》，（1930年法文版第3册），第348～351页。转引自王名扬：《王名扬全集：法国行政法》，北京大学出版社2016年版，第238页。

⑤ 参见张翔：《海洋的“公物”属性与海域用益物权的制度构建》，载《法律科学（西北政法大学学报）》2012年第6期。

⑥ 参见陈端洪：《行政许可与个人自由》，载《法学研究》2004年第5期。

上的物权和私法上的物权。[①] 有学者提出，仅是公众用公物之特别使用[②]属于公共资源特许研究的范畴。有学者认为，行政特许权在性质上首先是公法上的权利，只有反射到民事领域才能具备部分民事权利属性。[③] 有学者认为，若是物权就不需要行政特许，故需行政特许的就不是物权。[④] 有学者将行政特许权统一认定为一种物权，权利的客体是国家公物。[⑤] 在民法学理上，通常会将权利作对人权和对世权的区分。就公法权利来说，有学者认为这种分类并没有意义，因为公法权利均发生在公民与行政机关之间，义务主体已明确为行政机关。[⑥] 若以此观点为前提，那么在不区分绝对权与相对权的前提下，"公法物权"这一概念无成立之基础。若以权利客体为区分要素，那么可以将权利分为对物的权利、自由与权限。[⑦] 但这种以客体划分的标准并未超出私法上对物权的认定标准。

实际上，不同公产所受到的行政法保护是不同的，私产也并不仅仅适用民法规则。由此需要考虑的是，区分公法上的物权与私法上的物权之意义何在？适用的法律是否有所不同？有观点认为，公法上的物权仍是物权体系的一种。[⑧] 德国学者耶林在《法律的目的》中指出，并没有什么绝对的财产，特别是独立于社会利益之外的财产。[⑨] 从最初的相邻

---

① 参见肖泽晟：《公物法研究》，法律出版社 2009 年版，第 12 页。

② 参见陈新民：《行政法总论》，台北，三民书局 1997 年版，第 337 ~ 340 页。转引自侯宇：《行政法视野里的公物利用研究》，清华大学出版社 2012 年版，第 63 页。

③ 参见肖泽晟：《论公共资源特许使用权转让之限制》，载《苏州大学学报（哲学社会科学版）》2018 年第 1 期。

④ 参见康纪田：《对自然资源使用权属特许物权的质疑》，载《广西政法管理干部学院学报》2005 年第 6 期。

⑤ 参见任海青、张鹏：《行政特许物权制度研究》，载《南京社会科学》2016 年第 2 期。

⑥ 参见王本存：《论行政法上的公法权利》，载《现代法学》2015 年第 3 期。

⑦ 参见［德］罗伯特·阿列克西：《法 理性 商谈——法哲学研究》，朱光、雷磊译，中国法制出版社 2011 年版，第 227 页。

⑧ 参见刘丽萍：《行政法上的物权初探》，载《政法论坛》2003 年第 3 期。

⑨ R. Von Jhering, Der Ge ist Des Rom ischen Rechts Auf Den Verschiedenen Stufen Seiner En twicklung 7 (4th ed. 1878). 转引自王学辉、邓蔚：《物权的行政法保护与规制》，载《现代法学》2006 年第 2 期。

权到后来人们日益关注的环境资源领域，物权的绝对性在逐渐减弱，物权的社会化逐渐被提及与重视。换句话说，权利人在行使权利过程中或多或少都要受到法律的规制，而这里的规制方式不仅仅指私法上的规制，当然还包括当物权的取得或行使会影响公共安全和秩序、需分配公共利益或公共资源时所应受到的公法上的规制。就当前立法来看，即使被认定为纯粹的物权有时也离不开行政法的庇护。因此，当下需要考虑的重点问题并非构建“公法中的物权”，而是应当考虑政府对物权规制的合理性与合法性以尽可能确保公权力行为的正确性。

（四）关于行政特许权作为担保标的适格性

针对行政特许权能否单独作为担保标的的问题，理论上存在不同认识。一种观点认为，行政特许权不能单独作为担保标的。行政特许权的权利状态不稳定，即使其具有一定的财产价值，也不能设定担保，但“收费权”因其属于民事权利方能设置担保。[①] 另一种观点认为，应当在《民法典》中直接将“行政特许权”独立列为一类担保财产。[②] 我国《民法典》未在抵押和质押的财产范围中统一使用“行政特许权”，也未单独列举某种“准物权”。基于法律解释和行政文件的表述，以“准物权”设定的担保通常被列入抵押权的范畴。《民法典》第395条“可抵押财产”的范围增加了“海域使用权”，第440条关于“可出质的权利”的范围并未变动。采矿权、排污权、出租车经营权在实践中已被用来设定担保，但未被《民法典》明确纳入担保财产的范围。

有学者认为，不能简单地将行政特许权的担保等同于以行政特许权收益为客体的担保。行政特许权收益的担保，应指以行政特许权将来收

① 参见王利明：《收费权质押的若干问题探讨》，载《法学杂志》2007年第2期。

② 参见严聪：《论行政特许权担保在民法典编纂中的整合与重构》，载《山东社会科学》2019年第2期。

益为标的之担保，在理论上应被归入应收账款的范畴。[①] 只要是能够解释为可向他人请求给付一定数额的金钱，都可以认定为“应收账款”，都可以设定权利质权，如公路收费权、特许经营权、市政公用事业收益权等。[②] 虽然实践中出现部分行政特许权的担保等同于行政特许权收益的担保这一假象，但本质只是立法上应急之举，理论上并非有其正确性。[③] 将二者等同视之，可能会让社会产生立法效果上的误判。如果将行政特许权的担保等同于行政特许权收益的担保，就可能让社会公众认为以行政特许权设立担保能突破行政特许权转让限制，将二者等同视之，则可能形成行政机关免除其在担保权设立时的审查责任，但在担保权实现时限制行政特许权转让的局面。[④]

另外，各种行政特许权的担保在《民法典》中并未被统一归入某种担保物权体系。因此，可以设定担保物权的行政特许权在担保物权中的定位亦成为值得探讨的问题。当前，针对这一问题存在不同的观点。一种观点认为，在以行政特许权设立担保时，不应再分别归于抵押和质押的范畴之下，而是应将其统一纳入抵押担保的范畴。[⑤] 另一种观点认为，应当分别对具体的行政特许权担保作出不同的分析与界定。[⑥]

三、本书的基本架构

本书除绪论、结论外，共分四章，各章的主要内容如下：

---

① 参见高圣平：《论土地承包收益权担保的法律构造——兼评吉林省农地金融化的地方实践》，载《法律科学（西北政法大学学报）》2015 年第 6 期。

② 参见高圣平：《担保物权司法解释起草中的重大争议问题》，载《中国法学》2016 年第 1 期。

③ 参见高圣平：《物权担保新制度新问题理解与适用》，人民法院出版社 2013 年版，第 384 页。

④ 参见严聪：《论行政特许权担保在民法典编纂中的整合与重构》，载《山东社会科学》2019 年第 2 期。

⑤ 参见严聪：《论行政特许权担保在民法典编纂中的整合与重构》，载《山东社会科学》2019 年第 2 期。

⑥ 参见铁燕、何江：《排污权担保贷款制度实证研究》，载《甘肃政法学院学报》2016 年第 1 期。

第一章为行政特许权的担保适格性。行政特许制度促进了公私间的合作，日益受到各个国家的重视。在实践中，行政特许的运行还存在一定的问题，诸如官商勾结、滥设特许权等。其中隐含了两个问题：一是权利义务设置存在一定问题；二是仅从行政主体和特许权人（受许人）的角度考虑行政特许，而忽视了对特许权人（受许人）的直接对象人、利害关系人权利义务的考量。这些产生于行政特许领域的问题，一方面在于私法领域对行政特许权认知的薄弱，另一方面在于行政特许权仍然受到强烈的公法控制。根据《行政许可法》第 12 条第 2 项的规定，我国行政许可法上的特许权主要包括自然资源特许使用权、公共资源特许使用权和特许经营权三大类。在我国现行法上，部分行政特许权（矿业权、海域使用权等）确实被《民法典》予以规定，但这种规定也仅仅是单纯列举，并未对相关权利的含义、内容、得丧变更的具体规则和法律效力予以详细规定，因此，不能就此认为上述权利通过《民法典》规范之后便已完成私权的转换任务。另外，《行政许可法》规定的一切行政特许权在不违反公法对其转让的限制时是否均可由权利人适用私法规范来设定担保或进行转让等处分行为，需要针对不同类型的特许权一一进行分析与阐述，存在较多疑问。本章将以实定法为基础对三类特许权的内容进行梳理和归纳，从特许权的法律性质——公权与私权和特许权的权利形态、物权与非物权两个方面分别对自然资源特许使用权、公共资源特许使用权以及政府特许经营权的物权属性进行分析与阐述。结合特许权的权源，通过分析比较各特许权与私法物权特别是私法用益物权的异同，将各特许权的权利性质分别归纳。在明确对该三类特许权的定性后，分别对特许权的可流转性问题进行分析与探讨。通过对三类行政特许权进行梳理可知，行政特许权并不一定均可被认定为财产权，被认定为财产权的行政特许权并非均可流转。因此，并非所有的行政特许权均可设定担保物权。

第二章为行政特许权担保在民法担保物权体系中的定位。本章主要涉及两个问题：一是行政特许权能否单独作为一类担保财产；二是行政特许权担保在担保物权体系中的定位。就前者来说，行政特许权的私权属性是其具有担保适格性的前提。在多数情况下，行政特许权会涉及国计民生与社会公共福祉。所以，在设定行政特许权担保物权时，需要确定的一个核心价值理念在于：一方面要帮助行政特许权人在一定时期内解决资金短缺问题，另一方面要考虑到担保物权的设定仍然要以公共利益作为其最主要的标准。通常来说，行政特许权人的收益率是较低的，其会受到较大的政策调控之限制，因此，在设定担保权以及担保权实现过程中会存在一定的难度。基于第一章对三类特许权的定性，本章将对三类行政特许权担保物权设立中的特殊性问题进行分析，并尝试对各类行政特许权在担保适格性上抽象出共性。就后者来说，本章主要解决的是具备担保性的行政特许权能够设定何种典型方式的担保物权之问题。从立法上来看，各种行政特许权的担保在《民法典》中并未统一归入某种担保物权体系。因此，行政特许权人在没有法律明确规范的情况下设定担保物权的效力如何亦将在本章中得到阐释。

第三章为行政特许权担保的公示方式及其效力。本章首先需解决的便是行政特许权担保登记应当采用登记生效主义还是登记对抗主义的问题。从我国立法上来看，当前针对行政特许权担保登记效力的规定不完全统一，且在法律文本的表述上也存在不明确之处。本章中需要处理的另一个问题在于行政特许权担保是否需要统一登记机关。不动产担保登记和动产担保登记制度的发展趋势，是建立统一的登记机构和登记信息管理平台。在“准物权”的担保登记上，在《民法典》出台之前，根据《渔业法》《水法》的相关规定，捕捞权、养殖权和取水权因不能转让而不能设立抵押，也就没有抵押登记机关的确定问题，而矿业权、海域使用权的抵押登记归原登记管理机关办理。在《民法典》颁布之后，行政特许权的担保物权登记机关究竟应有哪些新变化则需要再进行探讨。由于《动产和权利担保统一登记办法》将部分行政特许收益权纳入“应收账款”的范围，则以相关行政特许收益权设质时仍旧应当在信贷征信机构办理出质登记。那么，行政特许权担保登记是否应当借鉴不动产抵押登记和动产抵押登记的做法，统一登记机关，甚至通过征信系统统一登记？上述问题将会在此章节进行详细阐述。

第四章为行政特许权担保的实现。从整体上来看，行政特许权担保物权的实现所面临的问题主要有：(1) 如何既防止特许权过度的商业化，又能保障担保权人的合法利益；(2) 主管部门是否有必要事前对潜在的权利继受者的资质进行审查；(3) 国家是否应当享有优先回购权。具体来说，由于各特许权之间存在许多差异，法律时常分别配置不同的规范加以限制，因此，不同类型的行政特许权担保在实现过程中又存在其独有的问题。本章将在具体分析行政特许权担保物权实现过程中出现各类问题后提出可行的解决对策，以期尽可能平衡各方利益。

四、研究方法

本书采取的研究方法主要有三种：

一是法律关系分析方法。行政特许权会涉及大量与第三人的关系，在传统行政法视角下难以完整刻画各主体之行为、主张、权利义务的形成及变动等问题。当下针对行政特许相关主体的权利义务分析可采用法律关系方法，但难点在于行政特许项下的具体法律关系数量众多，形式与内容存在差异，待研究的问题较为纷繁。采用法律关系方法的优势在于，可以对行政特许法律关系作出精细化的研究，一方面明确行政特许之内涵，另一方面肯认行政特许法律关系在权利、义务等方面的独特之处。

二是逻辑分析方法和概念分析方法。对所涉及的概念，试图通对行政特许权的种属位阶、内涵外延的探讨，对获得的各种材料进行思维加工，去伪存真、由此及彼、由表及里，揭示内在规律；同时结合生活实际明确其所指，进而展开后续关于行政特许权担保问题的理论分析。

三是文献研究法。通过阅读文献获得资料，包括行政特许权的概念、类型，行政特许权担保的特点等，对相关理论进行分析、记录与整理，从而全面地、正确地了解掌握行政特许权所包含的内容与特征，继而在行政特许权担保问题上作出更为准确的分析与论证。

五、研究对象的界定

从行政法研究角度来看，不论是从行政行为论抑或行政法律关系论，均更多地关注于行政机关与受许人之间的关系，而难以对利害关系人之关系进行更为有效的考量。① 日本学者盐野宏提出了行政过程论，通过对行政行为的动态研究拉长研究长度，继而扩大考察主体。如若采取行政程序论的角度对行政特许权担保问题进行考量，担保权人便也成为行政法上所要研究的对象之一，继而在行政特许权担保设定及实现担保物权时如何保障担保权人的合法权益便成为其中一项课题。因此，本书不再单纯以行政法律关系视角对行政特许权担保问题进行探讨，而将研究对象扩大到行政特许权担保物权人等主体的利益保护问题上。

应当指出，本书所要研究的行政特许并不包含商业特许。国务院《商业特许经营管理条例》第 3 条限定了商业特许的范畴。特许经营多适用于普通的商业活动之中，但随着市政公用事业的市场化、民营化进程的推进，在吸收了商业特许的运作模式后，公用事业特许经营权的商业特征日益显现。当然，虽然商业特许中往往也会有公权力的参与，但行政特许与商业特许在主体、内容等方面仍存在较多的差异，因此，本书并不对商业特许的担保问题作进一步的探讨。另外，完成行政任务的方式众多，除了行政特许权的设立以外，还包括行政委托、行政授权、

① 行政行为理论在大陆法系行政法学中处于核心地位。学者对传统行政法学的研究着重从行政主体的立场阐述政府和相对人的关系，而对其他主体地位及其权利义务的关注度不高。

购买公共服务等方式，虽然实践中有时权利行使形式存在一定的相似性，但权利行使的内容并不相同，因此，本书仅对行政特许权的担保问题进行专门性研究。为了对行政特许权担保问题进行相对清晰的分析，本书采取王克稳教授对行政特许权的分类模式，对自然资源特许使用权、公共资源特许使用权与特许经营权的担保问题分类型进行探讨。

第一章　行政特许权的担保适格性

第一节　行政特许权的类型范围

2002年时任国务院法制办公室主任杨景宇在《关于〈中华人民共和国行政许可法（草案）〉的说明》（以下简称《行政许可法草案说明》）中提出："特许是由行政机关代表国家向被许可人授予某种权利，主要适用于有限自然资源的开发利用、有限公共资源的配置、直接关系公共利益的垄断性企业的市场准入等（第十八条）。海域使用许可、无线电频率许可是典型的特许。特许的功能主要是分配稀缺资源，一般有数量控制。"但由于立法过程中无法统一对特许的认识，正式通过的《行政许可法》并没有使用"行政特许"的概念，而是采用了"需要赋予特定权利的事项"这一表述。[①] 虽然当前我国法律文本中并未明确使用"行政特许权"的称谓，但行政法学学理通说将《行政许可法》第12条第2项的规定视为行政许可中的特许权，或称为"行政特许权"（为行文方便，下文将统一采用"行政特许权"这一概念），并将"行政特许权"项下三类权利命名为自然资源特许使用权、公共资源特许使用权和特许经营权。[②] 对此，个别学者将这类许可称为附利益许可[③]或赋权性

① 《行政许可法》第12条第2项规定："下列事项可以设定行政许可：……（二）有限自然资源开发利用、公共资源配置以及直接关系公共利益的特定行业的市场准入等，需要赋予特定权利的事项；……"

② 还有学者将特许物权分为自然资源利用、公物特别利用和公用事业类特许三类。参见任海青、张鹏：《行政特许物权制度研究》，载《南京社会科学》2016年第2期。

③ 参见陈端洪：《行政许可与个人自由》，载《法学研究》2004年第5期。

许可。[1]

一、自然资源特许使用权

虽然《行政许可法草案说明》将行政许可分为五类,[2] 但由于最终通过的《行政许可法》并没有对普通许可与行政特许进行明确区分,因此在实践中,如何对二者进行区分是一个难题。也正是由于学界对行政特许与普通许可在划分标准上存在一定的困惑,导致行政特许的抵押、流转等后续问题出现了一定的争议。就行政特许与普通许可的区分而言,公法学者普遍认为,招标、拍卖方式的适用是行政特许区别于普通许可的一个外在标志。[3] 这一观点的依据主要是《行政许可法》第 53 条,该条针对包括“有限自然资源开发利用”在内的三类事项的行政许可方式作出了特别性规定,[4] 但第 53 条作出的“法律、行政法规另有规定的,依照其规定”之表述排除了“以招标、拍卖方式获得行政特许权”的绝对性。此外,从实践来看,由于行政特许权并不是一个法定概念,许多地方性法规针对可授予具体的行政特许权利时并没有明确的区分标准,因此在权利设定授权程序上存在混淆。换句话说,仅从设定程序上来倒推自然资源特许使用权成立与否的做法在当下并不具备足够的科学性。另有学者提出,自然资源一般许可(普通许可)使用是当事人依行政主体的普通行政许可取得的对自然资源的使用权,如依照《水法》第 34、38、39 条;特许使用是当事人经行政主体的特别许可取

① 参见应松年、杨解君主编:《行政许可法的理论与制度解读》,北京大学出版社 2004 年版,第 122 页。还有学者持相似观点,认为特许既可视为赋权,也可确定为对符合条件者不作为义务的解除,但不能确定为权利或自由的恢复。参见江必新:《论行政许可的性质》,载《行政法学研究》2004 年第 2 期。

② 这五类分别是:普通许可、特许、认可、核准与登记。

③ 参见王智斌:《行政特许的私法分析》,西南政法大学 2007 年博士学位论文,第 95 页。

④ 《行政许可法》第 53 条第 1 款规定:“实施本法第十二条第二项所列事项的行政许可的,行政机关应当通过招标、拍卖等公平竞争的方式作出决定。但是,法律、行政法规另有规定的,依照其规定。”

得的持续、排他使用特定自然资源的权利，如探矿权、采矿权、取水权、海域使用权等均为依特别许可取得的自然资源使用权，另外还应当包括无线电频率使用权、航线经营权等。[①] 但“经普通行政许可取得的便是一般许可，特别许可取得的便是特许使用”这一定义本身似有循环定义之嫌。

实际上，我国法律法规中明确要求行为人需要通过行政“特许”程序对自然资源进行开发利用的规定并不鲜见，但并非所有经过“特许”方式设立的对自然资源开发利用的权利都可以形成自然资源特许使用权，而可能仅仅是条件更为严格的一般许可使用，较为典型的是针对全面禁止事项例外情形的“特许”。例如，针对野生保护动物进行猎捕的，《野生动物保护法》《水生野生动物保护实施条例》对特定情形下确需猎捕/捕捉（水生）野生动物的，采取特许制度。[②] 虽然此类权利以特许的方式设立，但其以获取有价值的动植物信息或种源等保护资源的公益目的为核心，更多的是基于公共利益的需要而对特定禁止行为予以解禁，其本质是解除被许可人法律上的不作为义务，从而使其从事特定活动的权利或自由得以恢复而非授予被许可人新的权利。简言之，此类“特许”属于对行为人行为自由的许可，尽管许可程序相较于一般许可程序更加严格，但仍应归入一般许可的范畴。

笔者认为，学界当下将《民法典》“用益物权分编”第328、329条（原《物权法》第122、123条）中规定的权利认定为自然资源特许使用权并无过多争议，但自然资源特许使用权并不仅限于此。[③] 从文本

① 参见王克稳：《自然资源特许使用权之论》，载《公法研究》2012年第1期。

② 例如，《野生动物保护法》第21条第2款规定：“因科学研究、种群调控、疫源疫病监测或者其他特殊情况，需要猎捕国家一级保护野生动物的，应当向国务院野生动物保护主管部门申请特许猎捕证；需要猎捕国家二级保护野生动物的，应当向省、自治区、直辖市人民政府野生动物保护主管部门申请特许猎捕证。”

③ 《民法典》第328条规定：“依法取得的海域使用权受法律保护。”第329条规定：“依法取得的探矿权、采矿权、取水权和使用水域、滩涂从事养殖、捕捞的权利受法律保护。”

表述来看，《行政许可法》第12条第2项提出了“有限自然资源”的概念，意味着其并未将所有的自然资源均纳入行政特许所调整的范畴。因此，在自然资源特许使用权的设立与行使过程中，对“有限自然资源”尽可能周延地界定便成为解决有关自然资源行政特许使用权担保问题的前提。因此，应当基于《行政许可法》对“有限自然资源”的范围进行限定，继而明确自然资源特许使用权的范围。

（一）“有限自然资源”的范围限定

尽管各国基于科学技术的差异对“自然资源”的范围界定有所不同，但对“自然资源”概念内涵本质上已无太大争议。然而，我国《行政许可法》第12条第2项提出了“有限自然资源”之概念，这意味着我国行政法上并未将所有自然资源都纳入行政特许所调整的范畴。从法律体系来看，由于《行政许可法》未对该概念内涵作出明确界定，其他法律文本针对自然资源的立法缺乏系统性且立法位阶相对较低，这就产生了对有限自然资源的认识存在差异；同时，制定法律法规的部门分散，在权利的审批、监督等方面出现了相互冲突的现象。因此，在自然资源特许使用权实施过程中，对“有限自然资源”尽可能周延地界定便成为解决有关自然资源行政特许使用权可担保问题的前提，而对“有限自然资源”的界定为有偿出让与流转的过程中兼顾利害关系人的保护与国家经济的发展之间打通了连接之路。若仅从文义上看，“有限”自然资源当然地排除了“无限”的自然资源，其主要原因在于资源的社会属性体现为有用性、稀缺性、增值性的特点。① 有限自然资源的稀缺性相较取之不尽的自然资源更为突出，伴随而生的就是对有限自然资源利用的竞争性，继而需要对其开发利用加以特别授权与限定。另外，有限自然资源亦需要排除尚且无法予以开发利用的自然资源以及无

① 参见宋蕾：《中国特许取水权制度法理研究》，武汉大学2011年博士学位论文，第36页。

使用价值的自然资源。具体来说，《行政许可法》所规定的“有限自然资源”之范围应作如下限定。

1. 集体所有自然资源之上设定使用权通常应由私法调整

从我国单行法的规定来看，国家对国有自然资源使用权和集体所有自然资源使用权的授权规范是不同的。例如，《渔业法》第 11 条针对国有的特定水域、滩涂利用与针对集体所有或全民所有由农业集体经济组织使用的水域、滩涂利用作出了具有差异性的规定。[①]《水法》第 7 条规定集体经济组织的水塘、水库中的水资源不适用取水许可制度和有偿使用制度。[②]《海域使用管理法》虽然原则上要求通过招标、拍卖的方式设定海域使用权并向权利人颁发海域使用权证书。但对某些由农村集体经济组织或者村民委员会经营管理的特定类型海域亦作出了差别化规范。[③] 因此，从我国当前立法态度来看，在集体所有或集体管理的自然资源之上多采取订立承包经营合同的方式设定自然资源使用权。在承包经营关系下，无论是集体经济组织与其成员之间的关系还是集体经济组织与其成员之外的其他单位、个人之间的关系，都是平等主体之间的关系，若产生争议亦应属民事争议。[④] 故本书认为，由集体所有或管理的自然资源开发利用不应受《行政许可法》第 12 条的规制。换句话说，能够设定行政特许权的资源应当是国家所有之资源。虽然这一结论

---

① 《渔业法》（2013 修正）第 11 条规定：“……单位和个人使用国家规划确定用于养殖业的全民所有的水域、滩涂的，使用者应当向县级以上地方人民政府渔业行政主管部门提出申请，由本级人民政府核发养殖证，许可其使用该水域、滩涂从事养殖生产。核发养殖证的具体办法由国务院规定。集体所有的或者全民所有由农业集体经济组织使用的水域、滩涂，可以由个人或者集体承包，从事养殖生产。”

② 《水法》（2016 修正）第 7 条规定：“国家对水资源依法实行取水许可制度和有偿使用制度。但是，农村集体经济组织及其成员使用本集体经济组织的水塘、水库中的水的除外……”

③ 《海域使用管理法》第 22 条规定：“本法施行前，已经由农村集体经济组织或者村民委员会经营、管理的养殖用海，符合海洋功能区划的，经当地县级人民政府核准，可以将海域使用权确定给该农村集体经济组织或者村民委员会，由本集体经济组织的成员承包，用于养殖生产。”

④ 参见王克稳：《论公法性质的自然资源使用权》，载《行政法学研究》2018 年第 3 期。

的提出可能并非十分科学，但本书拟仅对国有资源设定的自然资源特许使用权（行政特许权）的担保问题进行探讨，以保证本书的体系性。

2. 特定（特殊）用途的自然资源不属于“有限自然资源”之范畴

本书认为，在国有自然资源项下，特定（特殊）用途的自然资源主要有以下两类：

其一，供个人自由使用的自然资源。自由使用即大众在不妨碍他人的前提下，无须经由许可程序设定即可自由使用的国有自然资源。从我国法律规范来看，以与个人生活息息相关的水资源的利用为例，我国在水资源的利用上对不同的用水类型作出了不同的规范。《水法》第 48 条和《取水许可和水资源费征收管理条例》第 4 条第 2 项规定了不需要申请取水许可的情况。① 这类自然资源的特征在于能够被公众直接、反复使用，主要包括生存性自然资源和满足家庭生活需要的自然资源，每个人都有权且必须能够利用它们。因此，此类资源不能作为特许权标的进入市场交易，当然也不能用于设定担保。

其二，公众依照习惯和传统使用的自然资源。社会公众与某些自然资源存在一定程度的紧密联系，但在使用的过程中并不具有排他性，如沿海城市的居民会在近海游泳、垂钓、赶海，抑或在沙滩上游戏。这些区域的自然资源因为不具有绝对的排他性而无法设立具有排他属性的权利，因此也就不能任意以对此类自然资源开发利用为由阻止公众的习惯使用或传统使用。正如有学者提到，市场不应侵入非市场的公共领域，那些非商品的自然资源不能商品化，否则就等于剥夺了民众生而享有的

---

① 《水法》（2016 修正）第 48 条第 1 款规定：“直接从江河、湖泊或者地下取用水资源的单位和个人，应当按照国家取水许可制度和水资源有偿使用制度的规定，向水行政主管部门或者流域管理机构申请领取取水许可证，并缴纳水资源费，取得取水权。但是，家庭生活和零星散养、圈养畜禽饮用等少量取水的除外。”《取水许可和水资源费征收管理条例》（2017 修订）第 4 条规定：“下列情形不需要申请领取取水证：……（二）家庭生活和零星散养、圈养畜禽饮用等少量取水的；……”

对公共自然资源的权利。[1]

（二）自然资源特许使用权之界定

我国现行法上并未明确使用“自然资源特许使用权”这一概念，民法理论研究也鲜有使用。有公法学者将自然资源特许使用权定义为：“使用权人经特许许可而取得的持续开发、利用自然资源并排除他人干预的权利。”[2] 然而，由于我国《行政许可法》并没有对行政特许与一般许可进行明确区分，在实践中自然资源特许与自然资源一般许可的界限存在一定程度的混淆。在民法理论上，有学者并未基于自然资源使用权取得方式对权利进行区分，而是将矿业权、渔业权、取水权等权利统称为准物权，认为准物权是由行政许可或特许“催生”、“准生”与确认的。[3] 但这一结论的前提在于：基于行政许可与行政特许而设定的“准物权”具有共性。然而，经由一般许可所产生的权利与经由行政特许所产生的权利在权利属性等方面往往存在诸多差异，基于一般许可的被许可人即使因许可获得了一定的独占利益，法律上也只承认它是反射利益或事实上的利益而非法律上的利益。[4] 因此，本书在此将自然资源特许使用权从“准物权”概念中剥离出来加以探讨，更具针对性。

正因为自然资源特许使用权内涵与外延存在争议，使自然资源特许使用权性质界定出现差异，继而产生了对特定自然资源特许使用权担保适格性问题的疑问。正如前文所述，我国的自然资源特许使用权基于行政法规范产生，而行政法的实质是控制和规范行政权，[5] 这似乎意味着自然资源特许使用权是一项行政权（公权）。从私法上看，除了土地使

① 参见马俊驹：《国家所有权的基本理论和立法结构探讨》，载《中国法学》2011年第4期。

② 王克稳：《行政许可中特许权的物权属性与制度构建研究》，法律出版社2015年版，第101页。

③ 参见崔建远：《准物权研究》（第2版），法律出版社2012年版，第118页。

④ 参见王克稳：《行政许可中特许权的物权属性与制度构建研究》，法律出版社2015年版，第35页。

⑤ 参见杨建顺：《行政规制与权利保障》，中国人民大学出版社2007年版，第59页。

用权与海域使用权外，《民法典》中涉及自然资源开发利用的权利集中规范在第 329 条。此条保留了原《物权法》第 123 条的规定，对探矿权，采矿权，取水权和使用水域、滩涂从事养殖、捕捞的权利予以确认并保留至《民法典》物权编项下用益物权一章中。虽然上述权利看似已被私法所接纳，但相较于针对典型用益物权的规定，《民法典》第 329 条对此类“用益物权”实质内容的规范略显单薄，这些权利主要通过单行法设定，而相关单行法并未对权利属性作出充足判断，更多地将视角放置于行政管理上。

综上，自然资源特许使用权是权利人经特许取得的，具有典型排他性开发、利用国家所有的有限自然资源之权利。就《民法典》规范来看，虽然第 329 条是针对特定自然资源的开发利用权利的确认，但其中所确认的权利并不必然构成自然资源特许使用权。

二、公共资源特许使用权

（一）“公共资源”内涵之厘定

若要对公共资源特许使用权担保问题进行更好的分类研究，对“公共资源”的内涵进行明确必不可少。由于《行政许可法》第 12 条并没有对“公共资源”这一概念进行明确的界定，“有限自然资源”、“公共资源”以及“特定行业的市场准入”这三大概念下包含的权利时常存在重叠。与自然资源有相对明确的范围不同，学界对公共资源范围的界定具有不同的认识。有学者认为，公共资源指的是“自然的或人造的资源系统，这个系统大得足以使排斥因使用资源而获取收益的潜在受益者的成本很高”①。有学者认为，就公共资源的客体来看，可分为自然资源利用类公共资源、公物利用类公共资源、公用事业类公共资源。② 有

① ［美］埃莉诺·奥斯特罗姆：《公共事物的治理之道：集体行动制度的演进》，余逊达、陈旭东译，上海译文出版社 2012 年版，第 52 页。

② 参见任海青：《公共资源特许制度研究》，南京大学 2014 年博士学位论文，第 1 页。

学者在研究过程中将公共资源的内涵限定为由全体社会成员享有并由政府代行所有权的公共自然资源。[①] 有学者认为，《行政许可法》上的公共资源，是指国家建设开发或社会投资形成的、归国家所有且供公众使用的资源，以及在此基础上基于政策而衍生的资源。[②] 有学者认为，公共资源主要分为自然资源、社会资源与行政资源。[③] 还有学者认为，所谓公共资源是指属于国家和社会公有公用的生产、生活资源，包括可供商业性利用开发的矿藏、土地、森林、水域等有形资源，依附于市政公用事业及设施的冠名权、使用权、特许经营权、设置经营权、承包经营权等无形资源以及行政管理和公共服务形成或衍生的其他资源。[④] 从上述观点来看，对公共资源内涵的界定往往涉及自然资源。简言之，就学者们对于公共资源的理解加以梳理，便可将诸多学说分为三大类：公共资源与自然资源系相同概念、公共资源与自然资源系并列概念、公共资源系自然资源上位概念。从立法上看，对这一问题亦存在不同之表述。从《行政许可法》第 12 条来看，其明确规定可以设定许可的事项包括“有限自然资源开发利用、公共资源配置……”虽然该条并未对“公共资源”的概念作出明确规定，但从文义上看，其将“有限自然资源”与“公共资源”二者作并列表述，即将二概念视为并列关系加以规范。但与之不同的是，2019 年国家发展改革委印发的《全国公共资源交易目录指引》将公共资源范围作出扩大的界定，将“以市场化方式配置的自然资源、资产股权、环境权等各类资源”囊括在“公共资源”范

---

① 参见刘尚希、樊轶侠：《公共资源产权收益形成与分配机制研究》，载《中央财经大学学报》2015 年第 3 期。

② 参见欧阳君君：《行政许可法中的“公共资源”界定及其合理配置——基于公物理论的分析》，载《城市问题》2012 年第 11 期。

③ 社会资源主要指公用事业领域基础性、先导性、公用性的资源，如供水、供气等特许经营权。行政资源是指政府依法履行经济调节、市场监管、社会管理和公共服务职能所形成及衍生的资源，如户外广告设置权。参见吴盛光：《论公共资源市场化配置》，载《福州党校学报》2009 年第 1 期。

④ 蔡小慎、刘存亮：《公共资源交易领域利益冲突及防治》，载《学术界》2012 年第 3 期。

围之中。[1] 从地方立法来看，宁波、合肥、淮南、厦门等诸多城市亦采取相似模式，将公共资源作为部分自然资源的上位概念。

由于前文已对自然资源及其特许使用权作出专门性探讨，故在此不再对自然资源特许使用权进行阐述。虽然本书认为，学理上从经济学角度、管理学角度以及法学角度对“公共资源”概念的解读具有更强的合理性，公共资源应当包含某些自然资源。但从解释论角度来看，本书认为，在当前法律框架下可设定特许使用的公共资源与一般意义下的公共资源概念、自然资源概念是不同的。虽然从广义上讲，自然资源也属于公共资源的一部分，但需要强调的是，尽管在行政特许权概念项下作出的资源划分是相对而非绝对的，随着对某类资源开发利用方式的改变以及私法实践习惯定义的转换，仍会存在一定变化。但由于本书基于《行政许可法》第 12 条第 2 项关于“行政特许权”之概念对其担保适格性问题进行分析，故在此将自然资源与公共资源作为并列概念并对其内涵范围加以界定，在体系上更具有条理性。

（二）公共资源特许使用权之限定

从当前我国立法来看，公共资源特许使用权的设置属于“公共资源配置”的重要环节之一。但由于《行政许可法》并未对公共资源的内涵进行明确，公共资源特许使用权的概念更是没有出现于法律文本之中。因此，从实践来看，各地方对“公共资源特许使用权”的规定具有较多的差异。一方面，某些公共资源在某些区域可能并不需要政府进行特别管制，而在另外的区域却可能需要政府进行特别管理。另一方面，某些公共资源的使用可能在某些区域经普通许可即可，而在其他区域却需要经特别许可。其中又有两类特殊的对公共资源的许可使用类型值得关注：一类是基于对公共资源的使用而当然衍生的资源，如对某条

---

① 2019 年《全国公共资源交易目录指引》规定的公共资源具体包括以下几类：机电产品、海洋资源、林权、农村集体产权、无形资产、排污权、碳排放权、用能权等。

道路的冠名权、设置广告的权利；另一类是国家基于其自身的管理职能而享有的形式上具备有限性的资源利益。前者可以在法律法规的框架下设立特许权，而后者由于某项资源的形成并不属于真正意义上的国家所有，对该类资源配置权力来自管理职能而非所有权，因此不能设定特许权。[①] 例如，学者们关注较多的私家机动车牌照发放使用问题，上海每月都要通过拍卖的形式发放牌照。有学者认为，机动车牌照授予行为属于行政许可的范畴，一般情况下机动车牌照不允许拍卖，但是当机动车牌照构成“有限公共资源”时，通过拍卖的方式授予机动车牌照是合法的。[②] 但亦有学者认为，根据《道路交通安全法》的规定，机动车号牌是行政许可证的一种形式，并且仅仅是普通的行政许可而非行政特许。[③] 当然，以机动车牌照进行举例说明可能并不具有完全的科学性。但实际上，政府对某些公共资源的拍卖使用并不属于对公共资源的特许使用范畴，包括对机动车牌照的拍卖。其主要原因在于，我国针对公共资源的特许使用，主要目的是针对有限的公共资源进行合理的开发与利用以创造更大的价值，而对诸如机动车牌照等所谓“公共资源”的拍卖只是基于行政管理的需要授予权利人以使用的权利，权利人并不能在该类资源中开发创造更多生态或经济价值。政府通过管理职能而享有的形式上具备有限性的资源利益，并不属于公共资源的范畴，也就不能认为是公共资源特许使用权。

从查找到的文献资料来看，学界对“公共资源特许使用权”这一概念使用较少，且含义存在较大争议。有学者将公共资源特许使用权界定为权利人依法经由许可、出让或者租赁等程序从公共资源主管部门获

---

① 参见欧阳君君：《行政许可法中的“公共资源”界定及其合理配置——基于公物理论的分析》，载《城市问题》2012 年第 11 期。

② 参见杨小君、黄全：《机动车牌照拍卖行为的合法性认识——解读〈行政许可法〉第 12、53 条的相关规定》，载《行政法学研究》2005 年第 4 期。

③ 参见王克稳：《上海市拍卖机动车号牌合法性质疑》，载《上海政法学院学报（法治论丛）》2011 年第 6 期。

得的排他性使用公共资源的权利。[①] 公共资源特许使用的基本模式系政府将相应的公共资源管理或服务职能交给一个特许企业行使，许可特许企业在行政机关的管制之下，利用公共资源向公众提供普遍性、连续性的服务，并向服务接受者收取合理的费用，从而获得合理的投资回报。[②] 实际上，无论是自然资源特许使用权，抑或公共资源特许使用权，其混淆的原因在于其客体均可被认定为一种“公物”。学理上以公物是否需要人工加工作为分类标准，将公物分为自然公物与人工公物，前者主要指依照其原有自然状态不需要人力加工或兴建就可供公用之物，如湖海、草地等，由自然资源特许使用权之规范加以调整；后者主要指需经人工建造或兴建方可供公用之物，如公路。[③] 本书认为，此处的公共资源主要指的是“人工公物”。因此，本书在此所指的公共资源特许使用权主要是对人工制造的作为公共使用的物的特许使用。

三、特许经营权

特许经营权根据授权主体的不同，可以分为政府机构授权和企业授权。前者是涉及公权力的政府特许经营，后者是一类商业领域的特许经营。[④] 国外针对特许经营权的界定主要指的是被政府授权的私营企业在特定期间对市政基础设施、公共产品或服务进行建设、占有及运营，并获取收益的权利。[⑤] 本书将围绕政府特许经营进行探讨。

当前，无论是在学理上抑或在立法上，往往将直接关系公共利益的

---

① 参见肖泽晟：《论公共资源特许使用权转让之限制》，载《苏州大学学报（哲学社会科学版）》2018 年第 1 期。

② 参见肖泽晟：《公共资源特许利益的限制与保护——以燃气公用事业特许经营权为例》，载《行政法学研究》2018 年第 2 期。

③ 参见肖泽晟：《公物法研究》，法律出版社 2009 年版，第 19 页。

④ 参见陈军：《变化与回应：公私合作的行政法研究》，苏州大学 2010 年博士学位论文，第 85 页。

⑤ See Concession, Build-Operate-Transfer（BOT）and Design-Build-Operate（DBO）Projects.

特定行业置于公共资源项下加以考量。换句话说，公共资源特许使用权不仅与自然资源特许使用权存在或多或少的联系，还与特许经营权有着密切的联系。公共资源特许使用权与特许经营权经常杂糅在一起的原因在于，特许经营权在授予的过程中往往会涉及某些公用设施的利用与处分。从实践上看，特许经营权行使过程中形成的利益主体日益多元、利益关系越发多样，涉及的公共资源的类型也很多，不同特许经营行业的交易目标、内容等方面亦存在诸多的差异。我国法上的政府特许经营具体包含哪些领域，虽然学理上尚有或多或少的差异，但法律文本对具体领域大致形成统一。"特许经营"这一概念于《行政许可法》颁行之前便已出现，我国的政府特许经营肇始于 1984 年深圳沙角 B 火力发电厂项目，是公共私营合作的方式之一。2002 年原建设部颁布了《关于加快市政公用行业市场化进程的意见》，明确提出建立政府特许经营制度以促进城市的市政公用事业发展。其中不仅界定了特许经营权之含义，亦确定了特许经营的范围。① 2003 年深圳市首先出台实施《深圳市公用事业特许经营办法》，2004 年原建设部出台了《市政公用事业特许经营管理办法》，对市政公用事业特许经营权进一步加以明确。②《行政许可法（草案）》第 18 条采用的是"直接关系公共利益的垄断性企业"之表述，而《行政许可法》则改为"直接关系公共利益的特定行业"。当然，《行政许可法》第 16 条明确规定了只有法律法规可以设定行政许可。如此，原建设部《市政公用事业特许经营管理办法》之效力便存在疑问。当然，在《行政许可法》实施后，各级政府针对政府特许经

① 市政公用行业特许经营制度是指在市政公用行业中，由政府授予企业在一定时间和范围内对某项市政公用产品或服务进行经营的权利，即特许经营权。政府通过合同协议或其他方式明确政府与获得特许权的企业之间的权利和义务。市政公用行业实行特许经营的范围包括：城市供水、供气、供热、污水处理、垃圾处理及公共交通等直接关系社会公共利益和涉及有限公共资源配置的行业。

②《市政公用事业特许经营管理办法》（2015 修正）第 2 条第 2 款规定："城市供水、供气、供热、公共交通、污水处理、垃圾处理等行业，依法实施特许经营的，适用本办法。"

营问题出台多份法律规范文件。如2010年国务院颁布的《关于鼓励和引导民间投资健康发展的若干意见》明确了可以经由民间资本投资市政行业；2015年多部门联合发布的《基础设施和市政公用事业特许经营管理办法》进一步明确了可以引入民间资本设定特许经营的市政行业，成为公用事业特许领域的“基本法”。[①] 与早期文件相比，市政公用事业的特许经营范围有较大的扩展，为该类特许经营实现打破旧有垄断格局，实现市场化提供了一定的保障。但值得注意的是，在上述文件中仍然以对行政权力及其审批方式等问题的规范为重点，鲜有对特许经营权内容的阐述。

当前，特许经营权的设立主要包括两种类型：一类是政府机构通过授权允许企业使用某类基础设施或投资某一公用事业项目并获取相应收益；另一类是政府机构通过授权允许企业经营某种特许业务。从形式上看，前者往往与公共资源特许使用存在一定程度上的关联，对某些公共资源的使用往往需要通过特许经营的方式获取收益，如供气、铁路等行业。实际上，这些行业本质上包含了公共工程（自然资源/公共资源）使用特许和“公务运营”特许两项许可。针对此类可以通过对公共资源使用并通过经营获取收益的行为可视为特许经营权，而对不能直接对外运营获取收益的公共资源则为前文所称的纯粹的公共资源特许使用权。当然，不论特许经营的范围如何，它的出现都是市场经济发展的产物，是行政主体将公共设施交由民事主体进行经营并获取收益的一种手段。本书以《行政许可法》第12条为基点探讨政府机构授权的特许经营权，主要为当下法律文本中所称基础设施和公用事业特许经营权，即特许人按照法律规定，通过市场竞争机制选择经营者并将经营某一领域公用事业产品的权利授予被特许人，被特许人在特许人授权的期限、区

---

① 《基础设施和公用事业特许经营管理办法》第2条规定：“中华人民共和国境内的能源、交通运输、水利、环境保护、市政工程等基础设施和公用事业领域的特许经营活动，适用本办法。”

域或范围内提供某项公共产品或者公共服务，通过经营获得收益，承担投资或经营的商业风险并接受特许人监管的活动。[①]

第二节 行政特许权担保适格性的要素

在现实生活中，以法律未明确认可的财产设定担保的现象不并鲜见。但由于对这类财产设定担保的效力、公示方式等欠缺明确规范与指引，致使司法实践在处理过程中遇到不少困难，其中就包括行政特许权担保物权的设立与实现之问题。从我国现行法来看，可以设定担保物权的客体范围主要是动产、不动产以及权利。在市场经济繁荣的今天，担保物权在设定内容上的契约自由属性特别凸显，而契约自由原则不断突破物权法定原则；收益价值自用益价值中脱颖而出，成为独立的价值形态。[②] 从《民法典》关于担保物权的规定来看，担保物权呈现出向功能主义倾斜的趋势，更加重视具有担保作用的交易在经济上的作用。但若将视线转回行政特许权担保时却会发现，一方面，其本身蕴藏着巨大的经济价值；另一方面，从国家管理的角度来看，行政特许权设定担保物权并不影响国家对权利行使的监督与管理。但为何在实践中，行政特许权担保的设定与实现又会产生重重阻碍与困难？本书认为，核心原因在于行政特许权本身所具有的特殊性以及设定与实现行政特许权担保物权过程的特殊性。因此，若要确定行政特许权的担保适格性，在明确行政特许权权利类型范围的基础上，需要对其权利属性与流转性等影响担保适格性的要素进行探讨。

---

① 参见王克稳：《行政许可中特许权的物权属性与制度构建研究》，法律出版社 2015 年版，第 148 页。

② 参见谢在全：《担保物权制度的成长与蜕变》，载《法学家》2019 年第 1 期。

一、行政特许权属性上具有特殊性

（一）行政特许权具有“公私杂糅”性

我国的行政特许权基于公法而设定，而行政法的实质是控制和规范行政权。[①] 这似乎意味着行政特许权便是一项行政权（公权）。但问题在于，行政特许权实际上受到公法和私法两个维度的调整。公法上对行政特许权的调整内容主要包括对行政特许权的授予规范、内容等，而私法对行政特许权调整的主要内容是特许权人进入市场交易所享有的特许权的行使与处分规范。可见，如何将具有强制性特征的公法与具有任意性特征的私法在行政特许权及其担保问题上进行更好的协调是解决行政特许权适格性的核心问题之一。值得注意的是，行政特许与行政特许权是两个不同的概念。行政特许是行政机关代表国家授予私人以某种权利的行为，“任何组织和个人并不天然享有对国有财产和公共资源天然的所有权和经营权”[②]。行政特许的授予制度就是指将某种资源的使用或经营权授予给私人的方式以及与该方式相联系的一系列活动。[③] 行政特许制度是国家基于社会福利最大化追求而设立的在稀缺性资源上进行产权配置的制度安排。[④] 其特殊性在于：一方面，行政特许的重点并非政府将某项义务运用强制力强加于某主体，而是行政主体将其拥有的一部分权利让渡给某主体。由于该类权利涉及公共利益，因此在私主体行使权利的过程中需要行政主体对其进行管理与监督。另一方面，虽然行政特许权具有一定的财产性，但私主体在行使该类权利的过程中，其行为应受到公法义务的限制。由于行政特许制度的构建基于《行政许可法》

---

① 参见杨建顺：《行政规制与权利保障》，中国人民大学出版社 2007 年版，第 59 页。

② 江必新：《论行政许可的性质》，载《行政法学研究》2004 年第 2 期。

③ 参见王智斌：《行政特许的私法分析》，西南政法大学 2007 年博士学位论文，第 77 页。

④ 参见王智斌：《行政特许的私法分析》，西南政法大学 2007 年博士学位论文，第 58 页。

之规范，因此，学者多从行政法角度对行政特许问题进行探讨。从《行政许可法》的规定来看，立法者试图积极引入市场手段来配置资源。例如，第 13 条第 2 项规定，如果通过市场竞争机制能够有效调节的，可以不设定行政许可；第 53 条规定，行政机关应当对第 12 条第 2 项（即本书所称行政特许权）通过招标拍卖的方式作出决定。这无疑需要私法体系加以规制。简言之，行政特许权的设定（行政特许）是特许权人与行政机关之间基础关系的范畴，而行政特许权的行使则属于外部关系，二者应当是相区分的。因此，并不能因为行政特许权系由公法产生而武断地从权利设定主体入手否认其不具备私权上的属性。

因此，真正意义上的行政特许权需要以市场手段来配置，从而也就落入了私法所调整的领域。那么，这是否意味着行政特许权就当然地可以成为一项私权呢？在经济法学界，有学者提出，特许权在大多数国家都将其作为一种独立的权利来处理。特许权本身具有公法特征，同时又具有财产属性，既不同于公法管理权，也不同于私法物权，应当单独立法加以处理。① 而在民法领域，有学者认为，通过行政特许获得的行政特许权属于民法上的权利，② 行政特许权的设定是公法行为而发生私权得丧结果。③ 有学者认为，某些行政许可属于该项民事法律行为的法定特别生效条件。④ 有学者认为，特许权人通过获得的公共资源进行特许经营从而获得收益，在客观上使特许权人获得了一项物权权利。⑤ 还有学者从权利客体的功能角度出发，认为公共资源具有物权所具有的担保融资等功能，经营者在对资源行使用益物权的基础上发挥其融资担保等

---

① 参见史际春、邓峰：《公路经营权研究》，载史际春、邓峰主编：《经济法学评论》第 2 卷，中国法制出版社 2001 年版，第 232 页。

② 参见王智斌：《行政特许的私法分析》，西南政法大学 2007 年博士学位论文，第 98 页。

③ 参见史尚宽：《物权法论》，中国政法大学出版社 2000 年版，第 296 页。

④ 参见王轶：《行政许可的民法意义》，载《中国社会科学》2020 年第 5 期。

⑤ 参见任海青、张鹏：《行政特许物权制度研究》，载《南京社会科学》2016 年第 2 期。

功能。[①] 全国人大法工委撰写的《中华人民共和国行政许可法释义》作出了专门的解释：这类许可事项一般与民事权利有关，许可的结果是向相对人授予某种民事权利，功能是分配有限的自然资源和公共资源。[②] 通过对上述观点的梳理可以看到，学界对行政特许权究竟是一项公权还是私权的认识尚无定论。若将行政特许权视为一项公权，那么根据“法无规定不可为”之原则，在缺乏法律明确规定的情形之下，行政特许权无法任意流转，权利人也就无权设定担保物权。从《行政许可法》第9条的规定来看，似乎也有所印证。[③] 如果将行政特许权视为一项私权，那么根据“法无禁止即自由”的原则，在没有设定禁止性强制性规范的情形下，行政特许权担保物权的设定应当是被允许的。因此，对行政特许权的担保问题所要首要解决的问题便是行政特许权究竟应当是一项行政权（公权）还是一项私权。当然，我们不能忘记，即使在首先为个体利益服务的私法中，也应当追求公共福利；即使在首先眷顾整体的公法中，也应当有个体正义。[④]

（二）行政特许权具有综合性

另外，行政特许权是否是一项财产权利亦是需要考量的问题。行政特许权作为一项权利，它具有的另一大特征在于：行政特许权虽然不像其他动产一样具有强烈的流动性，但行政特许权所附着的资源尤其是自然资源却具有一定的流动性与消耗性。由于可设定特许权的资源的稀缺性，获得特许的相对人总比没有获得特许的相对人较多地占有公共资源，从而形成一定的特权利益，也必然会带来商业和私法上所称的“价

---

① 参见任海青：《公共资源特许制度研究》，南京大学2014年博士学位论文，第22页。

② 参见张春生、李飞主编：《中华人民共和国行政许可法释义》，法制出版社2003年版，第22页。

③ 《行政许可法》第9条规定：“依法取得的行政许可，除法律、法规规定依照法定条件和程序可以转让的外，不得转让。”

④ 参见［德］奥托·基尔克：《私法的社会使命》，杨若濛译，商务印书馆2021年版，第10页。

值”，也就是我们所称的行政许可的财产性。[①] 但具有价值和财产属性就一定是财产权吗？有学者认为，行政特许权是一种系列行为权。[②] 因此，法律上对其价值的认定实际上是一种法律拟制。行政法理论通常认为，由于法律、法规对行政许可持有人的条件作了规定，行政许可具有人身属性。因此，许可本身不属于民法上的财产。《行政许可法》也规定了行政许可的禁止转让原则，即许可持有人原则上不可转让、出租、出借其依法获得的行政许可。[③] 那么，行政特许权究竟是一项财产权还是身份权？经由行政特许而取得的特许权与传统财产权之间存在较大差异，其取得的公法性、属性上的物权性与公法性的杂糅、客体上的特殊性，以及行使上的公法限制性等特征，都使我们无法从传统财产权的社会义务视角对其进行物权与公法权利、资源使用与资源保护、私益与公益等诸多方面特殊性与价值目标的平衡兼顾。[④] 若行政特许权被视为一项身份权，其当然无法成为担保物权的标的。因此，上述争议问题亦成为制约行政特许权可否担保的重要因素。

二、自然资源特许使用权的私权性

自然资源特许使用权指的是使用权人经特别许可而取得的持续开发、利用自然资源并排除他人干预的权利。[⑤] 国家一方面通过公权力管

---

① 参见黄学贤、丁钰：《有限资源特许流转若干问题研究——〈以物权法〉为视角》，载《宁波大学学报（人文科学版）》2009 年第 2 期。行政法学界通说认为行政特许为赋权型行政许可，也有学者认为行政特许是行政许可与民事合同竞合的，而民法学界则有学者认为行政特许在本质上属于民事许可。参见王智斌：《行政特许的私法分析》，西南政法大学 2007 年博士学位论文，第 77 页。

② 参见康纪田：《矿业浮动抵押制度初探——基于矿业权抵押的困境与出路》，载《河北经贸大学学报（综合版）》2011 年第 4 期。

③ 参见王智斌：《行政特许的私法分析》，西南政法大学 2007 年博士学位论文，第 98 页。

④ 参见张牧遥：《国有自然资源特许使用权研究》，苏州大学 2017 年博士学位论文，第 4 页。

⑤ 参见王克稳：《行政许可中特许权的物权属性与制度构建研究》，法律出版社 2015 年版，第 101 页。

制的方式控制有限自然资源的开采用途与开采额度，实现有限自然资源的有序利用；另一方面通过转让自然资源的使用权，将自身无法开发的资源使用权转卖给他人，以充分实现资源的经济价值。虽然有观点认为，自然资源的整体性和公共性特征使有些自然资源作为商品进行交易，由此发生的财产关系不宜接受私法性规范的调整。[①] 而寻求建立私法独统的观念与方法在自然资源权利法律机制的建设或完善上存在先天不足，故通过私法自治的形式对自然资源进行利用会在一定程度上造成自然资源的浪费。[②] 但是，需要看到的是，在现代社会，人们对自然资源利用的多元化需求在客观上确实促使自然资源的利用形式发生着不断的变化，仅通过公法手段对自然资源特许使用加以规制确有不周全之处。本书认为，正是由于私法规范对自然资源特许使用权人行为的规范指引不足，使特许权人行使权利的过程中造成了资源的浪费。从宪法财产权与民法财产权的角度来看，宪法财产权防范来自国家权力的侵犯，民法财产权防范来自民事主体的侵犯。[③] 从此角度看，当自然资源特许使用权人为了开发利用自然资源并进入民事交易领域时，就理应被民法规范所接纳并加以保护。从《民法典》来看，其保留了原《物权法》第 122、123 条的规定，将某些特定的自然资源归入物权编第三分编“用益物权”编第 328、329 条加以保护，但有关权利实质内容并不十分明确。虽然经济学理论将诸如水流、森林、海洋、滩涂等自然资源统称为土地资源，但在民事法律框架体系之中如何对此类自然资源的利用问题进行民法规制并不是简单的问题，当下追求自然资源使用“私益”的目标是否单纯通过物权框架进行所谓“社会化”的转换就能够成功

① 参见马俊驹：《国家所有权的基本理论和立法结构探讨》，载《中国法学》2011 年第 4 期。

② 参见张牧遥：《国有自然资源特许使用权研究》，苏州大学 2017 年博士学位论文，第 3 页。

③ 参见李龙、刘连泰：《宪法财产权与民法财产权的分工与协同》，载《法商研究》2003 年第 6 期。

实现尚且存疑。因此，面对自然资源特许使用权的担保问题，应当如何在公法与私法的领域之中选择适用，这是本节所要解决的核心问题之一。

（一）自然资源特许使用权公私性质之争

之所以要在自然资源特许使用权的担保适格性项下研究自然资源特许权的公权性质和私权性质，原因在于，一方面，若自然资源特许使用权属于公权，当然不能在其之上设定担保物权；另一方面，通过明确自然资源特许使用权的属性，可以确定发生争议时对权利人的救济方式。正如前文所述，自然资源特许使用权属于一类行政特许权，行政特许权在学理上属性不明当然会导致自然资源特许使用权公私属性之争议。换句话说，由于行政特许权性质的争议性，相应地在面对自然资源特许使用权属于公权还是私权的问题时，学界形成多种学说便成为必然之事。关于自然资源特许使用权的性质，主要存在以下三种学说：一是公法性质说，即认为自然资源特许使用权是具有公法性质的权利，应承担公法上的义务与责任。[①] 二是公私兼容说，即认为自然资源特许使用权兼公权和私权的属性。例如，有学者提出，形成于有限自然资源之上的特许权为具有公权性质的私权。[②] 有学者认为，行政机关向申请人颁发许可，既是以行政权力准许申请人从事开发利用的活动，又是以特定民事主体的身份转让民事权利的活动。[③] 还有学者以权利取得法律依据为标准，分为公法性质的自然资源使用权和私法性质的自然资源使用权。公法性质的自然资源使用权又有广义与狭义之分，后者是一种具有物权性

① 参见王克稳：《行政许可中特许权的物权属性与制度构建研究》，法律出版社 2015 年版，第 204～210 页。

② 参见王智斌：《行政特许的私法分析》，西南政法大学 2007 年博士学位论文，第 117 页。

③ 参见张春生、李飞主编：《中华人民共和国行政许可法释义》，法律出版社 2003 年版，第 57 页。

质或类似物权的权利，部分可适用或准用物权法予以保护。[①] 三是民事权利说，即认为特许权被赋予民事主体后，就成为民事主体所享有的一种关于私人利益的私权利。[②] 有学者提出“资源物权”概念，认为当民事主体对这种支配和利用达到足够的排他与独占程度时，便已然成为民法上的物权，可成功进入民事领域。由于自然资源系全民所有，所以，资源物权在转让的过程中需要受到更多限制，但私权属性不会动摇。[③]

纵观上述学说，产生不同结论的原因主要在于对公私法划分的具体标准以及学者所选取的角度存有差异。若试图解决国有自然资源特许使用权能否受到私法的调整与保护的问题，必须基于对国有自然资源特许使用权法律属性的探寻。虽然在区分公权与私权的标准上存在或多或少的差异与争议，甚至有学者在划分自然资源特许使用权在公权与私权价值上是否具备永久的划分意义问题上提出疑问，[④] 但本书认为，从现阶段来看，无法否认自然资源特许使用权在本质上的私权属性。首先，设定自然资源特许使用权的主体与行使自然资源特许使用权的主体的权利（权力）义务范围是不同的。前者当然是行政机关基于国家所有取得的一项权力，后者则指的是被授权人所享有的开发利用有限自然资源的权利。不可否认的是，尽管在自然资源特许使用权的设立、行使、消灭的过程都被公法制度所笼罩，但设定自然资源特许使用权的主体是公权力机关，而行使自然资源特许使用权、对有限自然资源进行开发利用的主体是私主体，这已然符合民法调整“平等主体”的基本条件。虽然部

---

① 广义上包括公法上一切使用国有自然资源的权利，而狭义上仅指权利人经特许许可所取得的使用国有自然资源的权利。参见王克稳：《论公法性质的自然资源使用权》，载《行政法学研究》2018 年第 3 期。

② 参见杨立新主编：《民商法理论争议问题——用益物权》，中国人民大学出版社 2007 年版，第 15 页。

③ 参见巩固：《自然资源国家所有权公权说》，载《法学研究》2013 年第 4 期。

④ 参见宋蕾：《中国特许取水权制度法理研究》，武汉大学 2011 年博士学位论文，第 120 页。

分自然资源特许使用权人在行使特许权的过程中会被赋予行政主体所应履行的部分义务与责任，但此种义务的承担与行政主体义务的履行仅具有相似性而不具有相同性。其次，基于公法关系产生的权利不一定均为公权，公法上的财产权也并不都是公权，财产只能是私法上的权利的观念在逐渐被抛弃。从财产权的产生方式来看，主要有私法创设的财产权与公法创设的财产权。私法创设的财产权，权利人原则上享有处分权。但公法所创设的财产权，权利人本身不具有处分权，即不允许许可他人使用和转让。因此，有学者提出，行政特许权作为一项由公法创设的财产权不具有处分性。[①] 但物权的存在与否不应以是否经过行政审批或公权力所创设作为判断标准之一，而应以其能否成为一种长期稳定的财产权利来作为评判要素。基于公法产生而被赋予私法效力的权利即为私权。[②] 最后，自然资源特许使用权的设定与行使是两个不同的阶段。党的十八届三中全会《关于〈中共中央关于全面深化改革若干重大问题的决定〉的说明》中指出："全会决定提出健全国家自然资源资产管理体制的要求。总的思路是按照所有者和管理者分开和一件事由一个部门管理的原则。""国家对全民所有自然资源资产行使所有权并进行管理和国家对国土范围内自然资源行使监管权是不同的，前者是所有权人意义上的权利，后者是管理者意义上的权力。"应当看到的是，在自然资源特许使用权行使过程中，行政部门已不再直接参与其中，转而开始扮演监督者的角色。在设定自然资源特许使用权时要进行规划，在对自然资源特许使用权进行利用过程中要对权利人进行监督；而在被特许人开发、利用自然资源的过程中所形成的具体法律关系主要都是平等主体之间所产生的交易关系。

---

① 参见王涌：《私权的分析与建构：民法的分析法学基础》，北京大学出版社2020年版，第249页。

② 参见王智斌：《行政特许的私法分析》，西南政法大学2007年博士学位论文，第111页。

（二）自然资源特许使用权的物权特征

自然资源特许使用权是否为物权或者是否具有物权特征，这是探讨自然资源特许使用权担保适格性的基础性问题。学者们在对自然资源特许使用权的研究中，对自然资源特许使用权是否属于物权这一问题存在不同的观点。其一，物权说。有学者认为，自然资源特许使用权属于特别法上的物权。除个别权利的物权特征不明显外，绝大部分的特许使用权具有明显的支配权性质，认为特许权非物权的观点不符合自然资源特许使用权的现实状态，对自然资源特许使用权的法律性质之争应当考虑的是属于什么性质的物权而非是否是物权。① 其二，非物权说。非物权说认为，物权是不需要行政特许的，因此，凡需行政特许的权利就不是物权。② 其三，准物权说。准物权说认为，准物权是与典型物权不同的物权，而非物权以外的权利，仍然属于物权范畴。③ 其四，用益物权说。该学说主张将特定的行政特许权认定为特别法上的用益物权，更为关注特许权人的权利与义务。由于《民法典》在维持了原《物权法》抵押财产范围的正面清单＋兜底条款的立法模式之外承认了“海域使用权”的可抵押性，故有学者提出，除客体不同之外，海域使用权与其他不动产用益物权并无质的差异。④ 尚未被列入《民法典》物权编的其他自然资源特许使用权，亦被部分学者界定为用益物权，如无线电频谱使用权。⑤ 其五，区分对待说，即区别不同情况认定自然资源特许使用权

---

① 参见王克稳：《自然资源特许使用权之论》，载《公法研究》2012 年第 1 期。

② 参见康纪田：《对自然资源使用权属特许物权的质疑》，载《广西政法管理干部学院学报》2005 年第 6 期。

③ 参见崔建远：《准物权研究》，法律出版社 2012 年版，第 23 页。

④ 参见刘保玉：《民法典担保物权制度新规释评》，载《法商研究》2020 年第 5 期。

⑤ 参见胡丽：《论无线电频谱资源用益权制度的构建》，载《河北法学》2017 年第 9 期。

的性质。[①]

之所以存在上述争议，是民法物权认定标准的差异性以及对自然资源利用的复杂性所导致的。虽然自然资源特许使用权相较于一般的用益物权来说，有其自身的特殊性，如部分自然资源特许使用权的标的是消耗物，通过不断地开采、消耗自然资源获取初级产品以取得财产价值，这一点已突破传统对用益物权的界定。但就自然资源特许使用权所涉内容来看，其内含的诸如自然资源所有权、自然资源特许权的设定、对自然资源的开发利用等内容，不可避免地会涉及民法上的主体资格、民法物权等相关内容。各学说之间虽然对自然资源特许使用权是否应被认定为物权以及界定为何种物权存在争议，但均无法完全否认自然资源特许使用权所具备的物权特征。从域外的经验来看，亦有部分国家和地区将特定的自然资源特许使用权视为物权或财产权并适用相关规则加以保护。例如，《德国民法典》第1038条将森林及矿山之经营认定为用益物权加以规范；《菲律宾民法典》将水和矿产认定为特殊财产放置在“财产、所有权及其限制”一编并明确规定民法典未决的相关事项由特别法调整。[②] 本书认为，对自然资源特许使用权物权属性的探讨，应从以下几方面进行检视：

首先，从行政机关可否设定物权的问题来看，有观点提出，行政权

---

① 如有学者认为，海域使用权是一种用益物权，而利用海域从事养殖的权利应当是一种资质性的权利。采矿权应当是“消益物权”，取水权亦同（陈丽平：《规定海域使用权意义重大——访中国社会科学院法学所研究员王家福》。转引自王克稳：《自然资源特许使用权之论》，载《公法研究》2012年第1期）。有观点认为，自然资源的法律性质并不确定，需要通过具体情况而定，但总体上来看，实体的、稳定的、更具排他性的自然资源更加具有物权属性（杨曦：《“静态”自然资源使用权立法观念之批判——兼论自然资源特许使用权的立法技术》，载《学习与探索》2018年第9期）。还有观点认为，凡是具有物权性质的资源使用权立法都表述为“××权”；凡立法者认为不具有物权性质的许可使用或认为不应赋予申请人物权性权利的许可，立法上通常都使用“××证”（王克稳：《论公法性质的自然资源使用权》，载《行政法学研究》2018年第3期）。

② 参见《菲律宾民法典》，蒋军洲译，厦门大学出版社2011年版，第74~76页。

力不可以创设一个物权。[①] 但反对者认为，与物权不同的是，准物权的母权与行政许可的共同作用才产生出准物权；没有行政许可或特许，就没有准物权。[②] 此问题涉及的一个前置问题，是行政机关在设定自然资源特许使用权时的地位为何？有学者认为，自然资源特许使用权关系是作为所有权主体的国家与特许权人之间因自然资源的特许使用所发生的财产关系，不属于平等主体之间的关系，因此不能被物权法所调整。[③] 但从现行法律来看，作为用益物权的海域使用权、建设用地使用权的出让均是由行政主体作出决定，但这并不影响物权的设定，"权利来源的公法色彩并不能改变权利本身的私权属性"[④]。本书认为，行政主体虽然无权创设无法律规定的新型物权，但并不能以此否认行政主体设定物权的权利。因此，虽然行政特许权是由行政机关设立，但并不等于行政机关违背了物权法定原则。换句话说，自然资源特许使用权的设立本质上仍然是行政机关设立的一项权利而被民事立法确认为一项物权而已。

其次，从自然资源特许使用权的客体来看，物权的客体应当是明确特定的。客观地说，自然资源特许使用权的客体并不具备传统意义上的特定性。一方面，某些自然资源特许使用权如采矿权的客体是一种消耗物，随着对矿产资源的深入开发，其剩余价值会不断减少。另一方面，自然资源特许使用权的客体往往是种类物，种类物上通常难以设立担保物权。因此，有学者认为，由于客体不能特定，那么物权就难以存在。[⑤] 有观点认为，根据自然资源使用权客体的差异性，自然资源使用权在物权归属中应当是多元的。有的属于典型的用益物权，有的属于准

---

① 尹田教授于2002年10月在"物权与不动产登记制度研讨会"上提出此观点。参见崔建远：《母权—子权结构的理论及其价值》，载《河南财经政法大学学报》2012年第2期。

② 参见崔建远：《准物权的理论问题》，载《中国法学》2003年第3期。

③ 参见王克稳：《自然资源特许使用权之论》，载《公法研究》2012年第1期。

④ 应松年：《行政权与物权之关系研究——主要以〈物权法〉文本为分析对象》，载《中国法学》2007年第5期。

⑤ 参见巩固：《自然资源国家所有权公权说》，载《法学研究》2013年第4期。

用益物权，有的则属于物权。[①] 还有观点认为，自然资源使用权的客体与物权的客体一样，是确定的。但自然资源使用权客体是种类物，种类物上无法设立物权。作为物权的客体必须将自然资源转化成自然资源资产，才能设立物权。[②] 本书认为，就自然资源特许使用权的客体特定性的问题来说，"特定"并非指单独的、唯一的、不变的，而是可将特定化等条件作观念化处理。所谓特定物，仅须一般社会认为或经济观念上为特定物即可，非必须为物理上之特定物。[③] 个体可以通过空间上明确的范围、定量化、特定的地域、特定的期限等方面确定物权客体的特定性。[④] 另外，担保物权客体的特定性要求并不一定是绝对的，客体特定性要求在我国担保物权立法当中早已出现例外。以我国浮动抵押为例，抵押时的标的物亦并非传统意义上之"特定财产"，但其强调的是在担保物权实现时担保财产可以被予以固定并保证债权人利益即可。虽然这一形式会导致一定风险的产生，但其所形成的优势也无法被忽略。

最后，从自然资源特许使用权的内容来看：一方面，自然资源特许使用权人在对自然资源开发利用的过程中于法律法规的框架内得依自己的意思进行管领处分并得以享受开发利用资源后产生的收益，而无须他人意思的介入。另一方面，自然资源特许使用权人所享有的特许权具有受到绝对保护之属性。即使行政主体会对特许权人的行为进行监管，但其也必须在合法性与合理性的框架内作出行为。换句话说，自然资源特许使用权人在其开发支配范围之内未经权利人允许，任何人不得擅自干涉或侵入的这一特征实则已然具有物权之特征。

---

① 参见康纪田：《对自然资源使用权属特许物权的质疑》，载《广西政法管理干部学院学报》2005 年第 6 期。

② 参见康纪田：《对自然资源使用权属特许物权的质疑》，载《广西政法管理干部学院学报》2005 年第 6 期。

③ 参见谢在全：《民法物权论》（上册）（修订 5 版），中国政法大学出版社 2011 年版，第 12 页。

④ 参见龙翼飞、吴国刚：《海域物权的法律属性研究及立法模式选择》，载《政法论丛》2008 年第 2 期。

当然，若从《民法典》第207条的表述来考察，物权有时是排斥行政权的。[①] 一方面，物权人并不需要借助他人力量包括行政主体的力量来实现对特定物实施占有、使用、处分的权能；另一方面，物权应当具有排他性，行政机关亦不得随意妨碍权利人对物权的行使，然而在面对行政机关时，自然资源特许使用权在行使过程中有时并不具有绝对的排他性。但需要明确的是：一则物权的强大的排他特征虽然具有内在的导向性，但排他性是有限度的。因此，《民法典》第207条不能简单地适用于《民法典》物权编之中，而是要与具体民事领域的特定民事规则相协调。二则自然资源特许使用权具有物权属性并不等于自然资源特许使用权为真正意义上的物权，只是由于其具备与物权相似的特性而可以准用物权规定而已。另外，有学者认为，原《物权法》实际上也在一定程度上认可了行政权在特定条件下对物权的限制。如原《物权法》第120条（《民法典》第326条）规定，用益物权人权利的行使要符合有关规定，而该规定应当由行政机关负责执行。[②]

（三）自然资源特许使用权在《民法典》物权编的适用

《民法典》第328条和第329条保留了原《物权法》第122条和第123条的规定，将某些特定的自然资源的利用规范保留至物权编项下用益物权分编之中。[③] 但相比《民法典》对其他用益物权的规定，第328条与第329条对有关权利实质内容规范不明。当然，相较于原《物权法》第180条，《民法典》第395条明确增设了“海域使用权”属于可设定抵押的财产，而海域使用权作为自然资源特许使用权的一种似乎标志着自然

---

① 《民法典》第207条规定：“国家、集体、私人的物权和其他权利人的物权受法律平等保护，任何组织或者个人不得侵犯。”

② 参见应松年：《行政权与物权之关系研究——主要以〈物权法〉文本为分析对象》，载《中国法学》2007年第5期。《民法典》第326条在具体表述上稍作修改：用益物权人行使权利，应当遵守法律有关保护和合理开发利用资源、保护生态环境的规定。

③ 《民法典》第328条规定：“依法取得的海域使用权受法律保护。”第329条规定：“依法取得的探矿权、采矿权、取水权和使用水域、滩涂从事养殖、捕捞的权利受法律保护。”

资源特许使用权作为一种财产设定抵押成为可能。但问题在于，如若允许自然资源特许使用权设定抵押，为何仅将海域使用权单独列明作为可抵押财产而未涉及《民法典》第 329 条规范的自然资源特许使用权？

如此，以海域使用权连接公法与私法应主要研究两个方面的问题：第一，除海域使用权外，《民法典》第 329 条列明的其他自然资源特许使用权是否可以设定担保物权？在受到《民法典》调整的权利之中，权利能够得到保护的界限范围不甚明了。《民法典》第 329 条规定的诸如采矿权、探矿权等权利虽然被规范于物权编用益物权分编之中，但并不像土地承包经营权、建设用地使用权等用益物权得到了翔实的阐释与规范。虽然《民法典》第 395 条已经明确了海域使用权可以作为抵押财产，但其他自然资源特许使用权是否可以基于《民法典》第 395 条第 1 款第 7 项而当然地设定担保物权？第二，尚未纳入《民法典》的自然资源特许使用权是否可以设定担保物权？由于自然资源特许使用权的开放性与动态性，在民事立法中设定统一的自然资源特许使用权或对诸如排污权等权利进行完全列举尚有困难。在此项下需要进一步考虑的问题是，由于我国采取物权法定之原则，即使国有自然资源特许使用权具备物权属性，那么在法律未明确加以规定的情形下能够适用物权法规范吗？由于各类具体的自然资源特许使用权具备自身特征，通常情况下应采取单行立法的形式对各类权利进行规范。但就我国立法来看，我国单行法并未对自然资源特许使用权是否可以适用物权法规范的相关规定进行明确解答。从《民法典》物权编用益物权分编可以看出，立法者有意将部分自然资源特许使用权保留在物权编之中，试图使其得到物权保护。但这些列举式的规范并不能完全解决现实中已出现的诸如排污权、无线电频谱使用权等权利能否设定担保的问题。在物权法定的框架下如何回应实践中对《民法典》所列权利之外的其他自然资源特许使用权物权属性的认定与担保物权的设定问题值得深入考量。

正如前文所述，自然资源特许使用权是具有物权特征的。但《民法典》第328条规定的海域使用权与第329条规定的其他自然资源特许权利以及尚未被纳入《民法典》的自然资源特许使用权之间是存在差别的。从最高人民法院的解读来看，其提出两点值得注意的要素：第一，虽然矿业权、取水权等权利被规范在《民法典》物权编用益物权分编之中，但其认为该类自然资源特许使用权与典型物权是不同的，是一种准物权。第二，海域使用权是一系列物权的总称，本没有必要设计成为一项单独的用益物权，但为了实现海域的集约化利用，将其认定为用益物权是具备必要性的。当然，其针对《民法典》第329条项下的自然资源特许使用权可抵押性采取了肯定的态度。[①] 还有学者指出，海域使用权与第329条所规定的权利的不同之处在于，其是一束权利。[②] 从《海域使用管理法》的规定来看，养殖、捕捞、采矿等行为可能会构成海域使用权的一种利用方式。[③] 所以，《民法典》颁布前，学者针对海域使用权存在的合理性问题存在诸多论争。但在《民法典》颁行的大背景下，尤其是在已然明确了海域使用权可作为抵押财产的规范下，其他自然资源特许使用权如何与海域使用权作出区分以更好地利用其交换价值是当下需要考虑的问题。我国立法以大陆法系形式主义为基准采取物权法定原则，在对功能主义的逻辑继受过程中产生了一定的不适。物权法定主义是物权法构造的重要支柱之一，故在物权法定主义之下最理想的状态即为法律所规范的物权种类与内容能够永远满足社会生活之需求，但此种状态只能是理想而非客观现实所能实现。那么，如何对具有物权属性的自然资源特许使用权进行物权领域的规制与保护？谢在全教授在

---

① 参见最高人民法院民法典贯彻实施工作领导小组：《中华人民共和国民法典物权编理解与适用》（下），人民法院出版社2020年版，第1041页。还有学者采相似观点，认为此类权利为准用益物权。孙宪忠、朱广新主编：《民法典评注·物权编》（第3册），中国法制出版社2020年版，第27页。

② 参见崔建远：《中国民法典释评·物权编》（下卷），中国人民大学出版社2020年版，第42页。

③ 2001年《海域使用管理法》规定的海域使用类型主要包括：养殖用海、拆船用海、旅游娱乐用海、盐业矿业用海、公益事业用海等。

物权法定缓和问题上提出了针对具有物权属性之权利法律适用的四类情形,[①] 本书认为,无论是诸如采矿权等部分自然资源特许使用权已然保留在物权框架之中,还是其他尚未被明确的具有物权属性的自然资源特许使用权,一方面可在不抵触物权基本原则时参照适用物权制度,另一方面可通过设定单行法的方式对已有自然资源特许使用权进行规定或指引适用物权法相关规范。如此既不会妨碍自然资源使用权物权属性的成立,亦可在一定程度上缓和当下的争议。虽然反对将自然资源特许使用权纳入物权法调整的学者认为,将具有公法性质的自然资源特许权纳入物权法会使"物权法调整对象模糊,公法私法混淆"。[②] 但需要指出的是,一方面,正如前文所述,我们并不能否认自然资源特许使用权所具备的物权属性,自然资源特许使用权与物权所共有的特性决定了其可以适用或准用《民法典》物权编予以保护;另一方面,法律创设的目的并不在于明确划分公法与私法的界限,而在于解决不断发展的现实社会中产生的争议与纠纷,仅采用公法手段已不能完全满足对自然资源特许使用权利用过程中所产生的需求。

简言之,就海域使用权外的其他自然资源特许使用权设定担保是否可准用《民法典》之规范设定担保物权的问题,可以基于其他自然资源特许使用权为同类型加以讨论:其一,《民法典》物权编用益物权分编第 329 条规定的探矿权、采矿权、取水权和使用水域、滩涂从事养殖、捕捞的权利,这类自然资源使用特许权在没有其他法律禁止设定担保物权之情形,可以设定担保物权。其二,符合自然资源特许使用权之

---

① 这四类情形主要为:(1)仅使其具有一定之物权效果即可符合社会之需要者,得依个别具体情形,赋予若干物权效果。(2)关于物权法之一定权利内容规定,得依该权利之性质及目的,于不逾越或抵触其核心范围内,予以类推适用;或扩张、减缩该物权之内容,俾新形态之权利亦得成为该物权之一种。(3)积极活用其他法律制度,俾获得与物权相同或相当之法律利益。(4)习惯法形成之物权可有条件地予以承认。参见谢在全:《民法物权论》(上册)(修订 5 版),中国政法大学出版社 2011 年版,第 37 ~ 38 页。

② 尹田:《〈物权法〉的得与失》,载蓝寿荣编:《物权法名家讲座》,中国社会科学出版社 2008 年版,第 111 页。

标准但尚未被《民法典》所明确的自然资源特许使用权，如无线电频率使用权，对于这类自然资源特许使用权，因其具有物权属性继而能够进入民事领域，因此在欠缺民事法律规范的时候可以参照适用有关物权的规定，亦应当承认其设定担保的可能性。应当指出的是，在抵押权设定问题上，有学者将这种因系准用抵押之规定而设定的抵押权，称为准抵押权。①

（四）并非所有自然资源特许使用权均具有担保适格性

虽然本书认为自然资源特许使用权原则上应当被允许设定担保物权，但实际上仍然有例外情形值得注意。以海域使用权为例，针对海域使用权进行规范的法律仅有2002年施行的《海域使用管理法》，距今已有二十多年的时间。在第十一届以及第十二届全国人民代表大会中均有代表提交了修改《海域使用管理法》的议案。2013年《全国人民代表大会环境与资源保护委员会关于第十二届全国人民代表大会第一次会议主席团交付审议的代表提出的议案审议结果的报告》中亦提到，“物权法确立了海域使用权的用益物权地位，与海域使用管理法的条款出现了不相衔接的地方，需要修改海域使用管理法，对海域使用权人合法权益的保护、海域使用权的物权属性等都需要做相应的修改完善”。虽然《海域使用管理法》并未明确肯定海域使用权的可担保性，但《民法典》已经明确海域使用权可以设定抵押权。然而由于《民法典》的规定较为简明，针对海域使用权抵押仍存在许多问题，如是否允许所有类型的海域使用权均可抵押。例如，2015年修正的《河北省海域使用管理条例》第23条明确规定，由本集体经济组织成员承包用于渔业养殖的海域使用权不得进行抵押；2019年修正的《天津市海域使用管理条例》第32条第1款明确规定，临时使用海域不得改变用途，

① 参见谢在全：《民法物权论》（中册）（修订5版），中国政法大学出版社2011年版，第944页。

不得转让、出租和抵押。

《民法典》第395条及第399条从正反两个方面规定了可设定抵押权的财产范围。从此两条规定来看，除已列举的权利外，法律法规未禁止抵押的财产均可设定抵押权。由于我国法律法规中并没有针对自然资源特许使用权的可担保性作出明确的禁止性规定，实践中，以法律未明确认可的财产设定担保的现象并不鲜见。那么这是否就意味着所有的自然资源特许使用权均可设定担保物权？对此，本书认为答案并非肯定。虽然《民法典》第399条仅对非营利法人的教育、医疗以及其他公益设施的抵押作出了限制而未涉及自然资源特许使用权的抵押，但本书认为，某些具有特殊用途的自然资源特许使用权不可设定担保物权。此类资源主要涉及国家安全、军事用途，例如，《取水许可和水资源费征收管理条例》第4条规定的为生产安全、消除对公共安全和公共利益的危害等情形的应急取水等；又如，《森林资源资产抵押登记办法（试行）》将诸如国防林、生态公益林等森林资源从抵押财产范围之内排除。再如，《海域使用管理法》第35、36条规定诸如军事用海、公务船舶专用码头用海、公用设施用海等可以减缴或免缴海域使用金，这类自然资源的利用总体上涉及国家利益或公共利益，通常经过行政划拨等无偿的方式进行出让，原则上不以营利为目的，因此不宜流入私人市场。另一类不可设定担保的行政特许权主要是由政府作为权利人的自然资源特许使用权。这一类特许权由于是由公法主体进行经营，通常是以审批方式获得特许权，实践中通常将该特许权人身份与行政主体身份等同，缺乏能够与之竞争的市场主体，若设定担保物权，缺乏未来可流转之主体对象。

三、公共资源特许使用权的私权性

在公共资源特许使用的过程中，公共项目的持续性投资需求必然会使权利人出现不同程度资金短缺的问题。如何推动融资多元化以提高资源配置效率与收益是政府需要认真考虑的问题，而于公共资源特许使用权设定担保物权不失为一条路径。在此，当然需要考虑公共资源特许使用权之公私属性。公共资源特许使用权在性质上的争议在于，学者对公共资源特许使用权范围界定存在差异。例如，有学者将公共资源特许使用权区分为公法上的公共资源特许和私法上的公共资源特许，将前者又具体划分为自然资源利用特许、公物利用特许和公用事业特许。[①] 有学者提出，公共资源特许利用乃公物管理机关，为特定人设定公法上的特别利用权，使其占有利用并得排除他人利用之谓，亦称公物占有权。[②] 由于前文已对公共资源特许使用权的范围进行了界定，在此不再作过多阐述。总的来说，公共资源特许使用权之属性如何，主要存在两种观点：一种观点是公权说，认为我国公共资源特许使用权具有比较明显的公权性质，是一种公法性质的公共资源使用权。公共设施的设置、管理和利用，在行政主体（或授权组织）与利用者之间形成管理与被管理的行政法律关系，而非民事法律关系。[③] 另一种观点是区分对待说，认为公共资源特许使用权既不能被简单地解释为民法上的用益物权，也不能当然被解释为既得的、稳定的财产权利。其能否转让或者设定抵押，将受制于公共资源本来的公共用途和所服务的公共利益的需要，必须取

① 参见任海青：《公共资源特许制度研究》，南京大学 2014 年博士学位论文，第 60～62 页。

② 参见李惠宗：《行政法要义》（第 6 版），台北，元照出版有限公司 2012 年版，第 221 页。

③ 参见马怀德、喻文光：《公有公共设施致害的国家赔偿》，载《法学研究》2000 年第 2 期。有学者详细分析了公共资源特许使用权的公权性质：从权利的设定来看，公共资源特许使用权都是由公法设定的权利；从权利的来源上看，公共资源使用权源于公共资源的国家所有权；从权利的取得方式来看，公共资源特许使用权是经特别许可取得的权利；从权利的行使看，公共资源特许使用权的行使应遵守公共资源管理法的规定；从争议纠纷及其解决机制看，特许权人与公共资源管理机关之间因特许权的授予与行使产生的争议都是公法争议，都应当通过行政复议与行政诉讼解决。王克稳：《行政许可中特许权的物权属性与制度构建研究》，法律出版社 2015 年版，第 240～242 页。

得行政机关的同意。[①]

从我国现状来看，行政机关针对公共资源配置主要存在两种模式：一是传统私有化，即私营企业通过交易使某项公共资产或基础设施的所有权直接转移给私营企业；二是公私合作制，即在公私合作制协议下，政府拥有资产或基础设施的所有权，指导资产或基础设施的管理以及设定用户费率。[②] 前者由于公共资源所有权被私主体所有，因此，在权利行使的过程中虽然会受到一定程度的监管，但已然完全进入民事领域之中而无须过多探讨。而后者又可分为两类：一类是由公私主体共同出资设立新的实体来行使特许权，另一类是由私主体向原有国有企业注资合作。当然，通过私主体向国有企业注资进行合作的模式由于涉及国有资产，在流转过程中会受到更多限制。因此，需要关注的主要是公共资源仍属国家所有而由特许权人代为建设与使用的这一资源配置模式。这种模式强调政府对合作对象的监督与干预，从客观上来看，其更具有公法性，主要原因在于特许权人客观上承接了部分原应由政府履行的职能和责任。但除了客体以及具体规则的差异性之外，特许权人在对公共资源进行特许使用的过程中，其对资源的支配性与自然资源特许使用权相比在本质上仍属一致，仍然具备相应的私权属性，这也是为什么学理与实践中常常将二者揉为一体的原因所在。因此，由国家所有权派生出的自然资源特许使用权、公共资源特许使用权不可避免地成为一项综合性权利而需要受到公私法双重调整。面对这一权利，既要承认行政权对此类权利设定及处分干预的合理性，又要在设定担保物权问题上设立具有可操作性的私法规范降低行政权恣意侵扰的可能性。就域外立法来看，《菲律宾民法典》第415条即将“为公共工程订立的合同”作为一项不

① 参见肖泽晟：《论公共资源特许使用权转让之限制》，载《苏州大学学报（哲学社会科学版）》2018年第1期；肖泽晟：《公共资源特许利益的限制与保护——以燃气公用事业特许经营权为例》，载《行政法学研究》2018年第2期。

② 参见陈婉玲：《公私合作制的源流、价值与政府责任》，载《上海财经大学学报》2014年第5期。

动产物权来规范。①

当前，我国物权法规范中对物权的规定融入国家、集体和个人三类主体，前二者具有“社会公共利益”或“团体利益”的目的性，而后者则体现为单个主体对物享有排他性权利，三者在内在价值取向上迥异，因此已超过了民法学范畴内的思考。② 实际上，在前文界定了公共资源特许使用权范围以及对自然资源特许使用权的私权属性加以分析之后，上述学者的观点在一定程度上并不能得到认同。但总的来说，虽然自然资源特许使用权与公共资源特许使用权二者在设定程序、权利客体、具体权利的行使过程存在差异，但公共资源特许使用权的设定、客体及内容与自然资源特许使用权所具备的私权属性与物权特征存在一致性。为行文方便，下文将统一以“公共资源特许使用权”代替“公共资源特许使用权与自然资源特许使用权”。

四、特许经营权的私权性

通过对特许经营权担保物权有关案例进行研判，可以看到，当事人针对特许经营权设定签订的担保合同既有抵押又有质押；③ 在设定抵押合同项下，既有将特许经营权与其他抵押物一并抵押之情形，④ 又有通

① 参见《菲律宾民法典》，蒋军洲译，厦门大学出版社 2011 年版，第 63 页。

② 参见朱岩：《社会基础变迁与民法双重体系建构》，载《中国社会科学》2010 年第 6 期。

③ 如大同煤矿集团有限责任公司马脊梁矿与北京紫光投资管理有限公司及被上诉人中国京冶工程技术有限公司合同纠纷案，山西省高级人民法院（2015）晋商终字第 153 号民事判决书，紫光公司以其享有的特许经营权作抵押担保；在福建海峡银行股份有限公司福州五一支行诉长乐亚新污水处理有限公司、福州市政工程有限公司金融借款合同纠纷案，福建省高级人民法院（2013）闽民终字第 870 号民事判决书，市政公司以其享有的特许经营权作质押担保。

④ 中国建设银行股份有限公司宁阳支行与宁阳盛运环保电力有限公司、安徽盛运环保（集团）股份有限公司金融借款合同纠纷案，山东省泰安市中级人民法院（2020）鲁 09 民初 231 号民事判决书。

过签订最高额抵押合同设立最高额抵押之情形。[①] 那么作为行政特许权之一的特许经营权究竟能否设定担保以及如何设定担保，成为实践中较有争议的问题。

（一）特许经营权的私权属性

2002 年原建设部颁布的《关于加快市政公用行业市场化进程的意见》对特许经营权的概念进行了界定，明确规定通过签订特许经营协议的方式来转移公用事业特许经营权。2015 年颁布的《基础设施和公用事业特许经营管理办法》对特许经营协议增加了更为详细的内容。从特许经营权的主体来看，特许经营权的投资者与经营者既可能是同一主体，亦可能是不同主体。公用设施建设的所有权可能会约定归属于国家，亦有可能归属于私人投资者。若经营者并非公用设施建设的投资者，那么政府往往会采取租赁的方式将公用设施交给经营者使用。简言之，特许经营权实际上与公共资源特许使用权之间存在密切的联系。但特许经营权与公共资源特许使用权的不同之处在于：一方面，政府特许经营除了涉及行政机关与特许权人之间的关系外，在经营过程中往往会与消费者有直接的联系；另一方面，特许经营协议的公私性质存疑。从实践上看，学界对公用事业特许经营权的私法属性及其可担保性的探讨逐渐增多，继而对该类创新担保的适法性提出疑问。

虽然当下对特许经营权性质的理解尚有不同，但特许权人进入特定公用事业所提供的服务并不等于行政义务的履行。最初允许私人资本进入特定公用事业、对公物加以利用，允许“私有化”的主要目的在于释放市场活力，提高服务质量。但由于缺乏相应的规范指引，实践中也出现了通过设定特许经营而过度引入私人资本却事与愿违，导致在某些领域政府不得不回购部分资本继而又出现了逆私有化的趋势。在这一来

---

① 马鞍山小南山矿业有限公司与被上诉人交通银行股份有限公司武汉青山支行、原审被告武汉伟思科工贸有限公司、刘革等金融借款合同纠纷案，最高人民法院（2017）最高法民终 310 号民事判决书。

一回的资本流动中，特许经营权性质上的差异性与模糊性就越发的明显。有观点认为，特许经营权是一项公法上的权利。理由在于，对某行业本来属于公法主体的经营权，只不过通过行政特许的方式将此权利转移给私法主体行使，但该权利的本质并没有发生变化。① 在公用事业特许经营权中，行政主体与特许权人之间的关系被认定为行政权上的委托关系。公用事业特许企业获得的企业经营权是对国家的公权而非对抗所有第三人的私权。② 有观点认为，直接关系公共利益的特定行业的市场准入相当于法国的公务特许。③ 公务特许中被特许人从事的活动类似于行政主体的活动④，如铁路的特许经营虽然从形式上看属于特许权人以私法方式从事运营活动，但其一方面享受着政府的诸如特别补贴等权益，另一方面需要承担更严格的价格限制等义务。还有观点认为，特许经营权虽然通常以签署合同的形式来授权，但仍不能否认其具有的行政特质。⑤ 有学者指出，特许经营存在三种形态，分别为形式民营化、功能民营化和实质民营化。⑥ 这三类形态的主要区别之一在于行政主体参与及投入的程度逐渐降低。因此，在针对特许经营权的运营过程中不应一同对待。从司法实践来看，以高速公路为例，有的法院认为，高速公路管理处与省交通厅系委托关系，高速公路管理处享有路政管理和规费征收权力。高速公路管理处可以以自己的名义对高速公路实施日常管

---

① 参见于安：《降低政府规制：经济全球化时代的行政法》，法律出版社 2003 年版，第 304 页。

② 参见［韩］金东熙：《行政法Ⅱ》（第 9 版），赵峰译，中国人民大学出版社 2008 年版，第 244 页。

③ 参见应松年、杨解君主编：《行政许可法的理论与制度解读》，北京大学 2004 年版，第 274 页。

④ 参见翟翌：《基于“相似性”本质的行政特许界定及其应用》，载《中国法学》2016 年第 1 期。

⑤ 参见陈静忠：《论市政公用事业特许经营中的政府职责》，载《湖北行政学院学报》2011 年第 3 期。

⑥ 参见周佑勇：《特许经营权利的生成逻辑与法治边界——经由现代城市交通民营化典型案例的钩沉》，载《法学评论》2015 年第 6 期。

理，但其与过路驾驶员只能形成有偿使用公路的民事合同关系而非行政管理关系。① 有的法院认为，应当区分情况，就高速公路管理处来看，由道路管护失责、未及时清障等原因导致的损失应由高速公路管理处承担民事责任；而由于在极端天气未作出及时预判并采取应急管理措施等原因造成的损失应受行政法调整。②

实际上，针对特许经营权公私属性产生诸多疑问的原因在于特许经营权设立形式的多样。目前，特许经营权的设立主要存在两种模式：一是“特许权竞标”模式，最典型的模式之一便是 BOT 模式，当然还有 POT、BTO、BOO 等模式。但无论这些模式如何变换，其本质均是行政主体通过招标的方式择优选择经营主体并授予其特许经营权，最终企业获得经营回报，政府解决市政建设资金问题。二是政府直接委托模式，其又可分为政府委托一般企业进行经营与通过设立国有或国有控股企业后再进行委托模式。获得特许经营权的特许人，不仅获得了私权利，也同时被认为获得了“公权力”。这在理论界称为委托私人行使行政权，简称私人行政。从私人行政的适用领域来看，主要存在于自然垄断领域；从现有立法看，主要存在于公用事业特许和公物利用特许领域。③ 在这一模式下，有学者认为，此时的特许权人已然不是一般的民事主体而应当是行政机关的代言人。换句话说，基于政府委托方式获得的特许经营权，从形式上来看似乎是一种“私人行政”的模式，当然应当归属于公法之权力。本书对这种观点并不赞同。

首先，这一观点的前提是行政主体转移的“权力”是其自身享有的公权，但这一前提并不稳固。日本学者美浓部达吉提出了自己的观点，其反对三类观点：一是反对否定公法与私法之区分的一元论；二是

---

① 江宁县东山镇副业公司与江苏省南京机场高速公路管理处损害赔偿纠纷上诉案，江苏省南京市中级人民法院（1999）宁民终字第 573 号民事判决书。

② 五大连池市缘客隆超市、黑龙江省绥化高速公路管理处机动车交通事故责任纠纷案，黑龙江省哈尔滨市中级人民法院（2020）黑 01 民终 4235 号民事裁定书。

③ 参见任海青：《公共资源特许制度研究》，南京大学 2014 年博士学位论文，第 110 页。

不认同绝对坚持两者之区别的观点；三是认为并不能简单地认为公法即为权力关系之法，私法即为对等关系之法。[①] 因此，我们并不能肯定地说宪法只规范公法关系，实际上其中不乏对私法关系的规范。那么针对国家所有权，我们又怎么能肯定地认为其经由公法规范就不能成为私法权利呢？行政机关对公共资源的开发与利用以及对某种业务的经营是基于其“所有”的特定资源的开发、利用与收益。这就不可避免地涉及对国家所有权之权利性质的探讨。对此，有学者认为，有相当的国有财产是为公务便利或社会公益服务而存在的，国家作为行政主体行使行政权时在该财产上享有的物权不同于民法上的物权，存在于该财产之上的物权便是行政法上的物权，应受公法规则的支配。[②] 还有学者指出，国家既是公法人亦是私法人，主体性质的不同会使所有权权能及其内容存在差异。[③] 本书认为，行政机关基于此产生的“权利（力)”并不能当然地认定为公权，其向私主体转移的“权利（力)”亦不能当然认定其是一项公权。

其次，行政特许权人所享有的特定权利（权力）不同于行政主体本身享有的权力。行政特许权人在行使权利的过程中，需要承担某些特定的本应由行政主体履行的义务，基于此特征似乎可以认为行政特许权应当属于公法上的权力。但从特许权人所要承担的义务来看，虽然与行政机关所要履行的某些特定义务存在相似性，但并非完全相同，特许权人往往要承担较为严苛的义务但并不可以代替行政主体行使权力。例如，被特许进行铁路运营的特许权人对于乘客的某些违反行政法律法规的行为并没有直接的处罚权。

再次，特许权人行使特许权并不等于完全替代行政主体履行全部义

---

① 参见［日］美浓部达吉：《公法与私法》，黄冯明译，中国政法大学出版社 2003 年版，第 1 页。

② 参见刘丽萍：《行政法上的物权初探》，载《政法论坛》2003 年第 3 期。

③ 参见尹田：《民法调整对象的理论检讨与立法表达》，载易继明主编：《私法》第 2 卷，华中科技大学出版社 2010 年版，第 30 页。

务。当特许事业运营发生困难或者特许权人不履行约定义务时仍然需要行政主体“现身”履行监管义务。

最后，这里所讲的无论是特许经营权抑或行政特许权，特许权人获取的特许权均指的是有偿许可，是特许权人支付一定对价之后获取的相应权利，已经成为特许权人在特定期限内在不违反法律的前提下可自由行使的财产权利或行为自由，因此不能简单地认为这是一项公法上的权力。

另外，从我国地方立法文件来看，我国公用事业特许经营权的设立主要有两种形式：一种是签订特许经营协议即可宣告设立，如北京、贵州、杭州等地的规定；[①] 另一种是特许经营协议 + 授予特许经营权证形式，如深圳、湖南、青海等地的规定。[②] 本书认为，一方面，特许经营协议的签订不同于其他行政合同的签订；另一方面，特许经营权的设立不同于单纯地签署行政合同。就前者而言，我国实践中出现了大量通过签订特许经营协议设定的特许经营权。特许作为公共资源的配置制度，不同于私法配置和行政合同配置，特许经营权主要存在于前期建设投入大、收益回报周期长、公益性强的公共资源领域，如轨道交通运营。[③] 从特许经营权的内容来看，与特许经营权相关联的法律关系多为一般的民事法律关系，如与银行签订的贷款合同，与关联企业形成的商贸关系等，从形式上看，虽然采取 BOT 等模式运营的公用事业特许经营权对建设项目并不具有所有权，但其在一定期限内享有对该项目独占的使用

---

① 如《北京市城市基础设施特许经营条例》第 11 条，北京市人民代表大会常务委员会公告第 42 号，2005 年 12 月 1 日公布。《贵州省市政公用事业特许经营管理条例》第 16 条，贵州省人大（含常委会），2007 年 11 月 23 日公布。《杭州市市政公用事业特许经营条例》第 11 条，杭州市人大（含常委会），2007 年 3 月 29 日公布。

② 如《深圳市公用事业特许经营条例》第 8 条，深圳市第六届人民代表大会常务委员会公告第 200 号，2020 年 7 月 6 日公布。《青海省市政公用事业特许经营管理条例》第 16 条，青海省人民代表大会常务委员会公告第 28 号，2020 年 7 月 22 日公布。《湖南省市政公用事业特许经营条例》第 16 条，湖南省人大（含常委会）第 49 号，2016 年 7 月 30 日公布。

③ 参见任海青：《公共资源特许制度研究》，南京大学 2014 年博士学位论文，第 40 页。

权与经营权。也正因为特许经营项目基础设施所有权往往归于国家，阻碍了特许经营权人实物担保的设定。虽然各类政府文件都在强调“民营化”，但综观世界各国推行民营化的实践，真正采取国家全部放弃行政任务执行责任的“完全民营化”极端手段却十分鲜见。① 由于我国法律法规中并没有针对行政合同设定生效方面的行政程序，因此在针对行政合同性质的认定以及法律的适用上存在诸多疑问。从公法角度来看，特许权人在获取特许经营权后需要承担特定的行政权义务，特许经营权有时会基于行政手段而被撤销，消费者向特许经营权人缴纳的费用可能会被认定为行政收费。而从私法的角度来看，由于我国行政合同制度尚存争议，在实践中若将行政机关与特许权人之间签订的协议视为民事合同，二者之间的基础关系若被撤销则会被认定为民事合同的撤销，消费者向特许经营者支付的价款有时也被认定为民事价款。有观点认为，由于我国行政合同制度缺位，同时运用民法制度来调整特许经营法律关系，所以从特许经营合同的内容和形式来看，属于民事合同的范畴。② 区分特许经营合同性质的原因在于，如若允许特许经营权设定担保，那么如果特许权人不按照合同约定行使权利，行政机关可以将该特许经营权收回。此时的问题是，若将该收回行为视为违约责任，那么第三人的担保物权不会受到影响；而若将该收回行为视为行政行为，则第三人的担保物权则可能受到一定的影响。就后者而言，特许经营权人是基于行政许可而非基于合同获取权利，特许协议的签订只是让行政机关与特许经营权人之间的权利义务关系更加明确。无论行政合同的性质如何认定，其仍然以“合同”形式存在，其明显的相对性和虚弱的排他性效力并不能给授权人利益以足够的保护；而行政特许权最终以权利证书的形式表现，却实现了对世性特征。因此，特许经营权协议的签订并不当然等于特

① 参见章志远：《民营化、规制改革与新行政法的兴起——从公交民营化的受挫切入》，载《中国法学》2009 年第 2 期。

② 参见任海青：《公共资源特许制度研究》，南京大学 2014 年博士学位论文，第 78 页。

许经营权的设立，特许经营权协议的性质也不能完全决定特许经营权的属性。

（二）特许经营权的资格属性

针对公用事业特许经营权的属性，主要有以下观点：一是准物权说，认为公用事业特许经营权是一种财产性的民事权利，是一种准物权。[①] 二是资格说，认为特许经营权是指由于特许权人赋予某企业以从事特许经营事业的资格或能力，而使其获得的使用特许权人的商标、服务标志、商业名称等知识产权或整个经营模式来进行商品或服务营销的权利。[②] 三是用益物权说，认为特许经营权人享有的权利与普通用益物权并无本质区别，将特许经营权的客体认定为“特定管线”，因此，公用事业特许经营权可以界定为一种普通的用益物权。[③] 有学者提出，公用事业的客体是公共基础设施，而公共基础设施又可以分为依附于土地表面和埋藏于土地之下的基础设施，因此，公用事业特许经营权的客体即为不动产，都是利用土地空间而设立的用益物权。[④] 四是独立财产权说，认为特许经营权是一种公私混合权利束，权利客体是特许经营行为。[⑤] 公用事业特许使用权与传统意义上的物权之“支配权”存在不少的差异，但公用事业特许权亦不是一种合同权利。虽然公用事业的设立

---

① 参见李显冬：《市政特许经营中的双重法律关系——兼论市政特许经营权的准物权性质》，载《国家行政学院学报》2004 年第 4 期；唐启光：《公用事业特许经营权若干法律问题》，载《理论界》2008 年第 10 期。

② 值得注意的是，虽然其认为特许经营权的客体是一种资格或能力，是一种被法律所承认和保护的经营性资信利益，因此特许经营权应当被认定为一项无形财产权。参见杨明、曹明星：《特许经营权：一项独立的财产权》，载《华中科技大学学报（社会科学版）》2003 年第 5 期。

③ 参见段洪艳：《公用事业特许经营权的私法研究》，载《山西高等学校社会科学学报》2009 年第 3 期；许军：《政府特许经营权的反思与重构》，载《甘肃社会科学》2015 年第 6 期。

④ 参见段洪艳：《公用事业特许经营权的私法研究》，载《山西高等学校社会科学学报》2009 年第 3 期。

⑤ 参见付大学：《PPP 特许经营权：一种混合财产权及其保护规则》，载《法学论坛》2016 年第 6 期。

需要签订特许经营协议，但其享有的对他人的排他性经营权利已然超过了合同的相对性以及合同请求权的范围。在此值得一提的是，学界多将PPP模式作为特许经营权的典型代表进行探讨，那么是否可将PPP模式直接代替特许经营权来考量？答案应当是否定的，核心原因在于当下各国对PPP模式的认识并不完全一致。在英美法系国家，特许经营是PPP模式的一种形式，然而在大陆法系国家，多将PPP模式纳入行政法或经济公法中构建纠纷处理机制。① 不同的制度模式必然在不同问题的处理上存在一定的差异。

本书认为，特许经营权是一项具备资格属性的私权。首先，特许经营权是一个非完全市场化的事物，特许经营权是公私合营的一种形式，特许经营权更多的是一项市场准入的资格。实际上，特许经营权所依赖的公共产品以及所提供的服务本质上仍然是商品。但由于这类“商品”具有强烈的公益性，使行政主体在挑选“商品经营者/服务者”进入特定行业的过程中更加谨慎，但本质仍然是对经营主体的筛选而非对财产权利的设定，因此，若将它视为一类纯粹的财产性权利尚不具备足够的说服力。其次，造成学界对特许经营权的财产权属性之争议原因之一在于特许经营权与公共资源特许使用权概念之混用。正如前文所述，有学者认为特许经营权的客体是“特定管线”，但特许经营权相较于公共资源特许使用权的特殊之处在于“经营”，在经营过程中除了提供特定服务外亦可能需要通过对特定公共资源的利用而获取收益。试问，特许经营权的客体如若是“特定管线”，那么一方面，它与公共资源特许使用权又如何进行区分呢？另一方面，在服务提供类特许经营权没有涉及大量不动产基础设施的情况下，其客体应当是谁？最后，从《行政许可法》第12条的表述而言，其将特许经营权表述为“直接关系公共利益

① 参见王丛虎：《两大法系下的PPP与特许经营》，载中国政府采购网，http://www.ccgp.gov.cn/ppp/llyj/201608/t20160816_7187204.htm。

的特定行业的市场准入”。从文义来看，“市场准入”实则意味着行政主体基于特定的条件与标准赋予特定主体进入特定行业或者市场的资格与条件，而非直接赋予特定主体以财产权。

当然，不可否认的是，虽然从形式上看，特许经营许可本身并不具有财产价值，但特许权人在行使经营权的过程中当然地会产生“事实上的财产”，能够产生价值并排他享有。特许经营权准入资格的限定使特许经营这一“资格”权利的稀缺性亦会产生相当的价值。因此，有学者认可了特许经营权的私法上的财产权属性，继而认为在特定条件下可以针对特许经营权设定担保物权。但正如前文所述，与经济利益相关联的权利并不一定是财产权，特许经营权本身只是一项具有身份属性的权利，特许经营权人通过经营获得的财产实际上是私法意义上的经营收益。

（三）特许经营权无法成为担保物权之标的

案例一：福建海峡银行股份有限公司福州五一支行与长乐亚新污水处理有限公司签订《单位借款合同》。福建海峡银行股份有限公司福州五一支行、被告长乐亚新污水处理有限公司、福州市政工程有限公司、案外人长乐市建设局四方签订了《特许经营权质押担保协议》，福州市政工程有限公司以长乐市污水处理项目的特许经营权提供质押担保。福州市中级人民法院认为，对污水处理厂的运营和维护，并不属于可转让的财产权利，故讼争的污水处理项目特许经营权质押，实质上系污水处理项目收益权的质押。讼争污水处理项目收益权作为特定化的财产权利，可以允许其出质。[①]

案例二：中国工商银行股份有限公司桑植支行（以下简称桑植支行）与桑植燃气公司签订《质押合同》，桑植燃气公司以其管道天然气

---

① 福建海峡银行股份有限公司福州五一支行诉长乐亚新污水处理有限公司、福州市政工程有限公司金融借款合同纠纷案，福建省高级人民法院（2013）闽民终字第870号民事判决书。

经营权为桑植支行的借款提供质押担保，桑植县建设局同意桑植燃气公司以管道天然气特许经营权提供质押，并在中国人民银行征信中心办理了担保登记。湖南省高级人民法院认为，特许经营权不属于可转让的财产权利，桑植支行与桑植燃气公司签订《质押合同》，约定以桑植县县城城市管道天然气特许经营权的质押，实质上是对该燃气项目收益权即应收账款的质押。因此，桑植燃气公司与桑植支行的质押合同有效，但应当以燃气项目收益权来实现担保。[①]

案例三：2019 年 6 月，新宇公司向兰州银行红古支行申请贷款。2019 年 7 月，新瑞公司作出决议，同意以其名下燃气经营许可证、管道燃气特许经营授权书、管道燃气特许经营权协议书三项权利为新宇公司申请的贷款提供质押担保。双方未预先征得行政主管部门同意，但在中国人民银行征信中心办理了担保登记。甘肃省高级人民法院认为，根据国务院颁布的《城镇燃气管理条例》第 18 条关于禁止“燃气经营者倒卖、抵押、出租、出借、转让、涂改燃气经营许可证”的规定，[②] 新瑞公司所有的燃气经营许可证、管道燃气特许授权书和管道燃气特许经营权协议书属于不得抵押、质押的财产，违反了法律、行政法规的强制性规定，应属无效合同，故兰州银行红古支行就管道天然气特许经营权折价或者拍卖、变卖所得价款享有优先受偿权的请求相应不予支持。[③]

实际上，最高人民法院 2015 年在发布“福建海峡银行股份有限公司福州五一支行诉长乐亚新污水处理有限公司、福州市政工程有限公司

---

① 中国工商银行股份有限公司桑植支行与桑植裕轮远航燃气工程有限公司、重庆市中宝投资（集团）股份有限公司等金融借款合同纠纷案，湖南省高级人民法院（2016）湘民终 324 号民事判决书。

② 《城镇燃气管理条例》（2016 修订）第 18 条规定：“燃气经营者不得有下列行为：（一）拒绝向市政燃气管网覆盖范围内符合用气条件的单位或者个人供气；（二）倒卖、抵押、出租、出借、转让、涂改燃气经营许可证；……”

③ 兰州银行股份有限公司红古支行、甘肃新瑞天然气有限责任公司等金融借款合同纠纷案，甘肃省高级人民法院（2022）甘民终 362 号民事判决书。

金融借款合同纠纷案”指导案例后，多数法院载明涉案特许经营项目收益权（应收账款）质押有效，对于诉争案件当中当事人关于政府授权特许经营权（以下简称特许经营权）担保协议效力以及担保物权能否有效设立的问题仍存在不同意见。但人民法院的裁判理由仍有待进一步思考之余地。另外，就笔者查询到的相关司法案例来看，关于特许经营权担保的问题，行政机关一般有下列两种处理方式：一是在与特许经营权人签订特许经营协议时允许/不允许特许经营权设定担保；二是在特许经营权人与他人设定特许经营权担保时征得行政主管部门同意。① 由此产生的纠纷便在于：(1) 在特许经营协议明确约定不允许特许经营权人将特许经营权设定担保或特许经营权人无法征得行政主管部门同意的情况下，特许经营权人能否以特许经营权设定担保。(2) 在行政主管部门同意以特许经营权设定担保且经过征信中心登记的情况下，法院却不认可特许经营权担保的有效设立时，担保物权究竟能否设立。(3) 若特许经营权担保物权无法有效设立，应当如何保护与平衡各方利益？

关于特许经营权可否设立担保，理论上存在不同认识：一种观点认为，特许经营权不是一种用益物权，也非与土地具有密切关联之权利，转让受到限制，因此无法设立抵押权。特许经营权并非原《物权法》中可进行质押之权利，特许经营权不可设定担保物权。② 有学者明确否认了在我国当前民事立法框架下特许经营权的可担保性，其认为司法实践中多将特许经营权剥离出收益权设立担保，继而适用有关应收账款出质的规定，而这恰恰是特许经营权担保无法可依的变通做法。③ 另一种

---

① 《政府和社会资本合作项目通用合同指南（2014 年版）》《PPP 项目合同指南（试行）》两份文件就行政机关与特许经营权人关于约定特许经营权担保问题提供了意见。

② 参见陈志辉、王蕙心：《特许经营权担保的法律定位——简论〈物权法〉第 223 条之重构》，载《上海商学院学报》2018 年第 3 期。

③ 参见陈志辉、王蕙心：《特许经营权担保的法律定位——简论〈物权法〉第 223 条之重构》，载《上海商学院学报》2018 年第 3 期。

观点认为，诸如出租车经营权可归入权利质押客体范畴。除用益物权与准物权外，其他财产权均属动产性质的权利。[①] 通过梳理可以看到，与公共资源特许使用权设立抵押权不同的是，我国有学者认为特许经营权应当设定质押。[②] 但是，学界多数观点并未明确区分特许经营权与特许经营收益权，在对“特许经营权”质押进行探讨时，实际上往往指代的是“特许经营收益权”。

另外，从立法上看，特许经营权担保似乎早已有迹可循但又存在较大的差异与矛盾。如国家发展和改革委员会最初于2000年发布的《国家计委关于运用价格杠杆促进西部开发的若干意见》（已失效）中明确指出，“扩大以收费权为核心的经营权质押政策的实施范围”。住房和城乡建设部于2015年修正的《市政公用事业特许经营管理办法》规定，不允许特许权人擅自转让、出租特许经营权，亦不允许特许权人擅自处置、抵押所经营的财产。[③] 但从上述文件的文义来看，实则均未完全禁止特许经营权的担保。[④] 从地方立法来看，地域间存在差异性规范。如深圳、北京等地允许特许经营权在特定条件下设定质押，但亦有不少的规范性文件对特许经营权设定担保问题持否定态度（具体参见表1－1）。

---

① 参见陈本寒：《新类型担保的法律定位》，载《清华法学》2014年第2期。

② 参见陈志辉、王蕙心：《特许经营权担保的法律定位——简论〈物权法〉第223条之重构》，载《上海商学院学报》2018年第3期。

③ 还有如《国务院关于创新重点领域投融资机制鼓励社会投资的指导意见》第35条，《财政部、环境保护部关于推进水污染防治领域政府和社会资本合作的实施意见》（已失效）等。

④ 《市政公用事业特许经营管理办法》（2015修正）第18条规定：“获得特许经营权的企业在特许经营期间有下列行为之一的，主管部门应当依法终止特许经营协议，取消其特许经营权，并可以实施临时接管：（一）擅自转让、出租特许经营权的；（二）擅自将所经营的财产进行处置或者抵押的；……”

表 1－1　特许经营权是否被允许设定担保概况（以地方性法规为例）

实施时间	名　称	特许经营权未经批准，不得转让、质押	禁止设定特许经营权担保	不得擅自处分特许经营项目资产	不得擅自处分特许经营权项目股权
2020 修正	《深圳市公用事业特许经营条例》	第 24 条			
2015	《银川市市政公用事业特许经营管理条例》		第 20 条第 1 项	第 20 条第 4 项	第 20 条第 4 项
2020 修正	《青海省市政公用事业特许经营管理条例》		第 25 条第 1 项：仅规定不得转让、出租特许经营权	第 25 条第 2 项	
2016 修正	《湖南省市政公用事业特许经营管理条例》		第 23 条第 2 项		
2008	《贵州省市政公用事业特许经营管理条例》		第 26 条第 2 项：仅规定不得转让、出租特许经营权	第 26 条第 3 项	
2007	《杭州市市政公用事业特许经营条例》		第 22 条第 1 项	第 22 条第 4 项	第 22 条第 4 项
2007	《淮南市公用事业特许经营条例》	第 21 条第 1 项			
2005	《北京市城市基础设施特许经营条例》	第 25 条		第 25 条	

那么特许经营权究竟是否可以设定担保呢？本书认为，产生疑问的

主要原因在于法律概念混淆产生的误用。

1. 特许经营权不同于特许经营项目资产

特许经营项目资产是政府部门行使特许经营权的物权形态，是为政府部门提供公共产品、履行公共服务职能而存在的。特许经营项目所包含的公共设施不具有营利之特性。正如前文所述，特许经营权主要包括两种形态：一类是政府机构通过授权允许企业使用某类基础设施或投资某一公用事业项目并获取相应收益；另一类是政府机构通过授权允许企业经营某种特许业务。原则上，对于相关基础设施等一般由政府享有所有权。为提高公共设施的利用效能，政府赋予私人资本以特许经营权，私人享有对公共设施的占有、使用、收益权能。此时，特许经营权人获得的是一种经营权而非特许经营项目资产的所有权。[①] 因此，对于特许经营项目资产，特许经营权人通常只享有占有、使用、收益之权能，而不能随意处分，也就不能擅自抵押和转让。在此情形下，若特许经营权人希望以特许经营项目资产设定担保，需要经过行政主管部门（所有权人）的同意才可设定。

2. 特许经营权不同于特许经营收益权

法律文本对“特许经营权”担保的认可大多指代的是“特许经营收费权”或者“特许经营收益权”，但二者之间实则并非同一概念。以公用事业收费权为例，公用事业收费权质押指的是从事公路管理、供水、供电、供气等涉及民生的公共事业经营企业以其收费权进行质押。公用事业收费权可否设定质押在原《物权法》颁行之前存在较多争议，但随着原《物权法》以及相关法律法规对公用事业收费权质押的规范日渐成熟，公用事业收费权设定担保之问题已不再成为争议的焦点。但是，公用事业收费权担保是否可以代替公用事业特许经营权担保，或者

① 私人资本并非对项目资产中所包含的所有财产均不具备所有权，只是特许经营项目的核心资产所有权掌握在政府手中。

说公用事业收费权是否就等于公用事业经营权？对此，有学者认为，在行政主管部门书面同意的前提下，可以允许公用事业收费权设定质押。[①] 显然，该结论的前提在于其将公用事业经营权等同于公用事业收费权。实际上，就特许经营权来说，其可分为非财产权（如管理权）与财产权（如收益权）。正如前文所述，特许经营权作为一项“市场准入资格”，不应当成为担保物权之客体，而仅可针对特许经营收费权（收益权）设定质押。[②]

另外，特许经营权无法设定担保的原因除了在于其所具备的资格属性外，还在于当前对特定特许经营权进行评估时所显现的特殊性。从宏观角度来看，在对一项具体的行政特许权进行评估的时候，应当考虑两部分内容：权利所依附的财产价值以及未来可能获取的收益。换句话说，虽然担保物权重视的是担保财产的交换价值，但财产的收益（用益）价值是评估其交换价值的重要因素之一。可以看到，由于公共资源特许使用权依附于特定的不动产，在对其估值的过程中当然就需要评估公共资源的价值以及未来可能获取的收益。但从特许经营来看，特许经营权有时虽然也会依附于特定公共资源，但此时的特许经营权实则表现为“特许经营权＋公共资源特许使用权”二权利之叠加，除了公共资源特许使用权的交换价值外，特许经营权本身主要的价值来源实则是未来可能获取的收益以及基于特许经营权获取的成本价值，表现出“信用”的特征。换句话说，特许经营权虽然关联着巨大的财富，但毕竟不是一般的金钱债权，如何对特许经营权的价值予以固定与评估，尚存在较多的疑问。因此，特许经营权不应成为担保物权标的。

① 参见陈本寒：《新类型担保的法律定位》，载《清华法学》2014 年第 2 期。

② 之所以将特许经营收益权分离出来而单独设置质押，其原因在于收益权可以被特定化。下文将会对特许经营收益权质押问题作进一步阐释。

五、行政特许权的可流转性

若要确定行政特许权是否具备担保适格性，另一个值得思考的问题就是行政特许权的可流转性。行政特许权即便具备私权属性且能够被私法所调整，但如若不具备可流转性，依旧无法在其之上设定担保物权。换句话说，并非所有的财产权均可流转，但可流转性是财产权可设定担保的前提。财产权的基本意义在于权利具有经济上的价值或者直接包含物质利益，对于权利能否转让并不强求。[①] 由于本书认为行政特许权项下的公用事业特许经营权并非一项财产权利，因此，在探讨行政特许权可流转性以及可担保性问题上主要以公共资源特许使用权作为分析对象进行研究。只有公共资源特许使用权允许流转，才有设定担保物权的可能性。当然，我们之所以需要对行政特许权的可流转性作出着重考量，主要原因在于，行政特许权与国家所有权这一特殊权利有着密切的关联，如若流转不当，极有可能影响国家利益最终影响到全民利益。所以，针对行政特许权的可转让性必然需作出相应的制约。我国《宪法》第 10 条仅规定了土地使用权可以依法流转，但并未释明其他自然资源使用权、公共资源使用权甚至特许经营权等权利的可流转性。有观点认为，由于自然资源归国家所有，若要实现“物尽其用”的价值转换，就要让一般民事主体取得开发利用自然资源的权利，因此就需要构建自然资源用益物权制度。[②] 用益物权为民事主体所享有，可以进入民事流转。[③] 从域外经验来看，域外多将公共资源特许使用权视为物权或财产权并适用相关规则加以保护，但亦有部分国家和地区对公共资源的利用采取谨慎的态度。如欧洲的矿产资源开发许可制

① 参见王智斌：《行政特许的私法分析》，西南政法大学 2007 年博士学位论文，第 103 页。

② 参见施至源：《自然资源的市场配置及其制度完善——基于生态文明制度建设视角》，载《中国特色社会主义研究》2015 年第 2 期。

③ 参见尹田：《物权法》，北京大学出版社 2013 年版，第 293～294 页。

度并不允许开发者随意转让其开发利用矿产的权利，除非经行政机关批准。[①]

根据担保法原理，可以设定担保的权利必须是一项可转让的私法上的财产权。有观点认为，行政特许权一方面具备私权属性，另一方面其不涉及人格属性，因此可以流转。[②] 虽然《行政许可法》第 9 条规定，除法律、法规允许依照程序可以转让的外，原则上行政许可不允许转让。但针对行政特许权的可转让性之规范，实际上存在三种形式：第一种是允许某项行政特许权的转让，但其转让需要先行满足一定的条件。以海域使用权的流转为例，早在 2001 年《海域使用管理法》就已经对海域使用权的流转问题有所涉及，《海域使用权管理规定》《不动产登记暂行条例》《不动产登记暂行条例实施细则》进一步对海域使用权的抵押作出了规范，且行政法规对部分行政特许权的可转让性作出了限制，如《海域使用权管理规定》第 38 条规定了海域使用权可转让时的条件。当然，该条规定更倾向于落脚在强化对海域使用权的有效开发利用，而在一定程度上给海域使用权抵押的实现造成了阻碍。[③] 第二种是直接禁止某项行政特许权流转，如《渔业法》明确禁止捕捞许可证的转让。[④] 第三种是法律文本未作出明确规定，如《水法》并未对水资源开发利用可否转让作出规定。由此产生了两个疑问：法律法规没有明确禁止流转的行政特许权是否应当认可其可流转性？行政法上的禁止性规范如何对民事法律关系产生影响？例如，虽然我国法律法规中禁止捕捞

---

① 参见［英］艾琳·麦克哈格等：《能源与自然资源中的财产和法律》，胡德胜、魏铁军等译，北京大学出版社 2014 年版，第 91 页。

② 参见黄学贤、丁钰：《有限资源特许流转若干问题研究——〈以物权法〉为视角》，载《宁波大学学报（人文科学版）》2009 年第 2 期。

③ 《海域使用权管理规定》第 38 条规定："转让海域使用权应当具备以下条件：（一）开发利用海域满一年；（二）不改变海域用途；（三）已缴清海域使用金；（四）除海域使用金以外，实际投资已达计划投资总额百分之二十以上；（五）原海域使用权人无违法用海行为，或违法用海行为已依法处理。"

④ 《渔业法》第 23 条第 3 款规定："捕捞许可证不得买卖、出租和以其他形式转让。不得涂改、伪造、变造。"

许可证的流转，但实践中却出现捕捞证随渔船抵押并同时流转之情形。行政特许权人本质上是使用权主体，那么作为使用权主体，其是否有资格将其享有的行政特许权流转？有学者提出，由于法律没有将某一特定的法律权利打包成一种法定的权利类型，更没有赋予该权利“可转让性”，因此不可整体转让。[①] 但究竟法律应以何标准对权利进行“打包”却很难找到应有的逻辑。有学者提出，私法上的财产权当然排除了私法上的人身权。从特许经营权来看，其具备着强烈的人身属性。因此，经行政许可取得的特许经营权是法律规定不得转让的权利。[②] 当然，也有学者提出，国有自然资源特许使用权既然是以特许方式取得，那么就应该遵循行政许可的一般原理。[③]

本书认为，（自然）公共资源特许使用权应当被赋予私法上可转让的效果。在行政特许领域，由于许可基本上着眼于对特定资源开发利用的方式、期限等条件，在这一点上特许权不具有人身属性，可以进行转让。[④] 由于我国立法将行政特许权纳入行政许可规范之中，在对特许权转让规则进行限制的情况下导致其财产属性无法得到有效释放，在实践中出现关于公共资源特许使用权担保与转让的纠纷，往往会从公法角度对其进行裁量而忽视了公共资源特许使用权转让在私法上的地位。当然，公法从维护公共利益的角度出发，对特定自然资源特许使用权的转让作出禁止性评价并无不妥，但此项权利在进入民事领域后已被确认为一项有价值的财产权利，权利人在民事领域中所作出的转让行为应当由私法对其效力作出认定。简言之，虽然公共资源特许使用权转让相较于

---

① 参见王涌：《私权的分析与建构》，北京大学出版社 2020 年版，第 251 页。

② 参见曹士兵：《中国担保制度与担保方法》（第 4 版），中国法制出版社 2017 年版，第 353 页。

③ 参见张牧遥：《国有自然资源特许使用权研究》，苏州大学 2017 年博士学位论文，第 6 页。

④ 参见王智斌：《行政特许的私法分析》，西南政法大学 2007 年博士学位论文，第 107 页。

其他权利转让涉及更多的公共利益，但维护私权利益仍是不可忽视的精神内核。因此，尽管公共资源特许使用权之上存有更多的义务性，但由于公共资源特许使用权强烈的财产权属性与物权特征，行政机关尤其是地方行政机关原则上应对自然资源特许使用权转让的禁止性规定持审慎态度，在没有禁止性规定的情况下应当认可自然资源特许使用权的可流转性。如若行政法上对特定公共资源特许使用权可转让性问题及其可担保性问题采取禁止性规定，当公共资源特许使用权人超越公共利益而对权利进行转让时，当然要受到公法上的规制与处罚，但这并不意味着转让行为或担保设定行为必然无效。《民法典》第 153 条第 1 款明确规定，“违反法律、行政法规的强制性规定的民事法律行为无效。但是，该强制性规定不导致该民事法律行为无效的除外”。如果禁止性规范规制的是公共资源特性使用权转让本身，即只要该转让行为一经发生便绝对地损害国家利益或者社会公共利益的，则应当认定该转让行为无效。而在其他情形下，针对自然资源特许使用权转让的效力性评价应经由民事法律规则加以判断并行应有之力。

在认可行政特许权原则上可流转的前提下，接下来需要考虑的便是行政法上对行政特许权流转的禁止性规定对民事法律关系的影响。一方面，从行政法规范来看，虽然其中有针对特定行政特许权可否设定担保之规定，但这一规范本质上仍然属于实质上的私法规范；另一方面，作为以调整行政法律关系为主的行政法规，原则上并不涉足对民事法律关系效力的评价，但这并不意味着行政法规的有关规定不会对民事法律关系产生间接影响。然而，行政法上之于某项民事法律关系效力之评价，应经由民事法律规范加以确认之后才能行应有之力。例如，《日本民法典》第 90 条并没有完全认可行政法禁止性规定在民事法律关系上的效力评价作用，而以“违反公共秩序和公序良俗”作为否认民事法律行为有效性之条件。本书认为，在针对行政特许权的可流转性问题以及可担保性问题上，应以私法行为优先作为价值导向，通过对具体行政特许权担保行为本质属性的判断对行政法禁止性规定效力作出认定。

第二章　行政特许权担保在民法担保物权体系中的定位

行政特许权作为一种具有财产属性的权利，之所以在实践过程中难以顺利地设立担保物权，是因为除了其属性上的不确定性外，还在于享有行政特许权的主体需要符合一定的资质条件且在权利设立的过程中具有相对严格的法定条件和程序，而这一原因间接影响担保物权实现时对行政特许权交换价值的实现。实际上，虽然部分行政特许权具有私权属性甚至是物权特征，但不能否认它是一项综合性的权利，如康纪田教授将矿业权描述为“多层面的权利”而“被虚拟成矿业权”[①]。因此，在完成行政特许权担保适格性问题的探讨之后，如何使行政特许权担保顺利落地是需要进一步考量的问题。简言之，行政特许权担保问题的应然性与实然性是不同的。基于社会现实的需要，《民法典》借鉴了《美国统一商法典》第九篇、《联合国国际贸易法委员会担保交易示范法》以及《欧洲示范民法典草案》等的担保制度，总体上与《开普敦公约》以及《加拿大魁北克民法典》相似，表现出了功能主义与形式主义相结合的模式。当然，虽然《民法典》对某些新型担保类型进行了规范，但并未动摇形式主义担保规则的基础。值得注意的是，虽然《民法典》对非典型担保交易予以重视与规范，但对于传统担保物权问题尚有值得考虑的方面。针对行政特许权担保物权的制度考察，不仅要与我国已有

---

① 康纪田：《矿业权不能纳入物权法的法理论证——兼议矿业权的虚无性》，载《西安石油大学学报》2008 年第 1 期。

的担保物权制度相适应，亦需要与国际担保法制度相衔接，以最大限度地推动我国经济发展。

第一节 行政特许权担保的特殊性

一、行政特许权担保问题立法现状分析

（一）行政特许权欠缺私法体系上的认可

在理想状态下，公法与私法应相互协调、相互促进，但实践中不乏出现针对同一主体或同一行为作出的在公法与私法之上的相反规定，行政特许权担保问题即存在公私法上的冲突。在行政特许权是否可担保问题上，民事法律规范并没有给出明确答案。王涌教授提出，如果上阶位法未对某行为予以禁止，该行为当然可以自由为之，但下阶位法可以对这一“自由”予以剥夺。① 肖泽晟教授指出，民法学者所提出的“准物权”或用益物权的定性过分强调保护特许权人的利益，犯了“一刀切”和“本末倒置”的错误，未考虑到通过公法制度安排而获得的这类与公共利益不相容的私人利益。② 同时，肖泽晟教授也提出，当前从《行政许可法》以及相关行政法规来看，行政特许权人的利益得不到充分保障等弊端已普遍出现。由于规范数量的不断增多，对行政特许权进行体系化的认定就存在两方面的困难：一是要对纷繁复杂的素材进行逻辑层面的梳理以防止陷入无逻辑的混乱；二是要防止公法规范与私法规范有关行政特许权问题价值导向的冲突。简言之，《行政许可法》及其相关法规针对行政特许权及其担保问题的制度主要侧重于“组织法”，即主

---

① 参见王涌：《私权的分析与建构》，北京大学出版社 2020 年版，第 350 页。

② 参见肖泽晟：《公共资源特许利益的限制与保护——以燃气公用事业特许经营权为例》，载《行政法学研究》2018 年第 2 期。

要规范的是对相关行政主体的组织、监管模式以及法律责任的构建，忽视了“行为法”的制定（主要在于民事经济活动中特许权人以及相关主体担保行为的合规性）。从我国当前立法来看，《民法典》在用益物权分编中保留了诸如海域使用权、矿业权、捕捞权等特定的自然资源特许使用权，且明确认可了海域使用权的可担保性，但由于缺失行政特许权的概念，对于行政特许权概念下的诸如矿业权、海域使用权等权利只是零散规定于民事立法体系之中，缺乏私法制度上整体的协调，给权利人权利的行使、转让、担保等方面带来了不小的阻碍。另外，《民法典》并未明确提及公共资源特许使用权以及特许经营权的可担保问题，仅就特定的某项行政特许权，如海域使用权等权利的担保问题进行列举式规范。换句话说，我国当前虽然有部分自然资源特许使用权已然进入民事法律体系中得到保护，但面对公共资源特许使用权与政府特许经营权，私法制度仍略显苍白。有观点认为，如果没有法律规定，首先应当适用公法的规定。[①] 但问题在于，当公法与私法关于行政特许权可担保性问题的规定不同时应当如何选择适用法律规定。

本书认为，行政特许关系的形成虽然基于行政法规，但对特许权人利益的保障仅靠行政法律制度的完善并不足够，仍需要从民法视角对行政特许权进行考察，行政特许权担保问题亦不例外。对于特许使用权人为了实现其享有的权利从事民事上的交易活动，当然应当受到民法上的调整。但也正因为行政特许权是基于公法所创设，在特许使用权人处分自己权利的时候如何协调公法与私法的关系成为一个前置问题。在针对行政特许权担保问题上，应以公益性价值目的为指导，以私法手段为基础工具，以实现“公有私用”之可能。

（二）行政特许权设定标准的差异性使其可担保性存在疑问

针对行政特许权设定的标准而言，存在两个方面的差异。

---

① 参见任海青：《公共资源特许制度研究》，南京大学 2014 年博士学位论文，第 57 页。

一方面，中央与地方立法之间存在差异。《行政许可法》概括性地对可设定行政特许权的事项作出了规定，同时在一定条件下赋予了各级地方政府自由裁量权。这造成了同一事项在不同地区是否能够被认定为"特许权"的不同情况，使行政特许制度构建越发复杂，也加大了行政特许权人进行民事交易、行使处分权的难度。[①] 由于缺乏高位阶立法指引以及统一行政程序法支持，各地对具体行政特许权的认识存在较多争议。继而出现的问题是，如若承认行政特许权具备担保适格性，由于各地方针对同一事项在认定特许权标准上出现差异，就同一事项在不认可其具备行政特许权的区域中能否设定担保物权以及如何设定担保的问题就需要得到进一步的衡量。

另一方面，《行政许可法》对行政特许权设立的程序存在不明确之处。《行政许可法》第 53 条明确规定，实施第 12 条第 2 项所规定的行政许可的（本书所指行政特许权），行政机关应当采取招标、拍卖等形式作出决定，但法律另有规定的除外。换句话说，行政机关对行政特许权的设定仍然以两种方式出现：一种是以传统审批手段授予特许权；另一种是以招标、拍卖的竞争方式进行授权。如《海域使用管理法》的实施标志着我国海域资源正式进入市场化的管理阶段，海域使用权的设立也从无偿取得逐步迈向有偿使用，从以往以协议出让为主逐渐过渡为招拍挂出让方式。我国立法并没有明确可进行招拍挂的海域使用权类型，但实践中主要针对经营性用海如娱乐用海、工业用海等类型，有部分关系到国家和公共利益的用海类型如造地工程用海等尚未通过招拍挂方式进行流转。由于《行政许可法》规范过于原则性，实际上仍然是由公法诸如《海域使用管理法》发挥着现实指引作用。这一规定存在两个方面的问题：一是没有明确招标、拍卖适用的具体情形；二是允许

---

① 《行政许可法》（2019 修正）第 15 条第 1 款规定："本法第十二条所列事项，尚未制定法律、行政法规的，地方性法规可以设定行政许可……"

不采用招标、拍卖方式而设定的行政特许权类型不甚明了。由于缺乏统一的行政程序加以规范，各地立法、做法不一，造成特许权在设立过程中的混乱，继而在权利人担保物权设定问题上出现疑问。且不说尚未被纳入《民法典》物权编的特定行政特许权，就针对已被《民法典》认可的海域使用权、采矿权等权利的担保问题亦存在较多问题，不仅涉及此类权利的行政规章或规范性文件位阶较低，而且对此类权利及其担保物权的设定程序并不统一，对于可担保性问题的规范有时存在冲突与矛盾。另外，行政法规或规范性文件多从行政管理的角度进行规制，对相对人设定担保物权的具体程序性规范与权利保障的实质性内容相对欠缺。

（三）行政特许权担保物权设定之规范欠缺体系性——以自然资源特许使用权为例

《民法典》第 395 条相较于原《物权法》第 180 条明确增设了“海域使用权”作为可设定抵押权的财产，而海域使用权作为自然资源特许使用权的一种似乎标志着自然资源特许使用权作为一种财产设定抵押权成为可能。但同样是对自然资源进行开发利用的权利，《民法典》对于第 329 条所确认的权利可担保性问题却未置可否。实际上，在我国法律法规中，其他自然资源特许使用权又可分为两类：一类是《民法典》物权编第三分编用益物权编第 329 条规定的探矿权、采矿权、取水权和使用水域、滩涂从事养殖、捕捞的权利；另一类是符合自然资源特许使用权之标准但尚未被《民法典》所明确的自然资源特许使用权。那么，海域使用权以外的其他自然资源特许使用权可否设定抵押权呢？例如，虽然我国法律法规中禁止捕捞许可证的流转，但实践中却出现捕捞证随渔船抵押并同时流转之情形。自然资源特许使用权人本质上作为私法上的使用权主体，是否有资格将其享有的自然资源特许使用权设定担保？再如，尚未被《民法典》所明确规范的其他自然资源特许使用权，如无线电频谱使用权是否也可以作为担保财产？有学者提出，我国公物概念缺位，使公物与“私物”的区分无从显现，进而使以“私物”为逻辑前提预设“民法一般原理”，公物所寄托的公共利用的福祉被无视乃至剥夺。[①] 自然资源的整体性和公共性特征使有些自然资源作为商品进行交易，由此发生的财产关系不宜接受私法性规范的调整。[②] 而寻求建立私法独统的观念与方法在自然资源权利法律机制的建设或完善上存在先天不足，故通过以私法自治的形式对自然资源进行利用会在一定程度上造成自然资源的浪费。[③] 然而，现代社会人们对自然资源利用的多元化需求在客观上确实促使着自然资源的利用形式发生着不断的变化，仅通过公法手段对自然资源的使用加以规制确有不周全之处。

基于上述疑问，笔者认为，对于自然资源特许使用权抵押的规定需考查横向与纵向两种关系。前者是以《民法典》为背景，考量其与《土地管理法》《海域使用管理法》《渔业法》等针对自然资源特许使用权单行法之间的关系；后者考量的是特定自然资源特许使用权涉及的法律、行政法规与地方性规范文件之间的关系。

从横向规范来看，自然资源的开发利用存在复杂性。由于我国没有形成体系化的自然资源特许使用权之概念，在实践中，出现了于同一区域可能同时存在多种权利叠加而受到多部门监管的情形。例如，根据《渔业法》和《海域使用管理法》的规定，利用滩涂进行养殖要向海域使用管理部门和渔业部门分别申请权利凭证或者分别与集体经济组织签订滩涂承包合同。那么，如若特许权人需要设定抵押权，其是否应当向多部门提出申请，尚无明确指引。再如，虽然《渔业法》第 23 条第 3 款禁止捕捞许可证买卖、出租和以其他形式转让，《矿产资源法》第 3

① 参见张翔：《海洋的“公物”属性与海域用益物权的制度构建》，载《法律科学（西北政法大学学报）》2012 年第 6 期。

② 参见马俊驹：《国家所有权的基本理论和立法结构探讨》，载《中国法学》2011 年第 4 期。

③ 参见张牧遥：《国有自然资源特许使用权研究》，苏州大学 2017 年博士学位论文，第 3 页。

条和第 42 条原则上禁止探矿权、采矿权的转让，但《民法典》用益物权分编下并未否认上述权利的可担保性。因此，仍然保留在《民法典》用益物权分编的自然资源特许使用权的可担保性问题无须进行过多的探讨，应当重点关注的是《民法典》第 329 条所规定的各项权利担保设立与实现的权利冲突以及其他尚未被《民法典》规范的自然资源特许使用权是否可以设定抵押以及如何设定抵押的问题。由于缺乏具体的操作细则，各地出台的地方性法规对特定自然资源使用权流转问题态度不同。

从纵向规范来看：一方面，自然资源特许使用权在取得与行使方面的物权性特征体现得并不明显。正如前文所述，《民法典》并没有对用益物权分编中的海域使用权、采矿权等权利内容作出进一步明确的规定。又由于自然资源特许使用权多由行政机关授予，针对此类权利的规范又多散见于行政法规、规章及地方性文件之中，权利性规范较少而多为管理性规范内容。由于针对自然资源特许使用权的规范层级不高，不仅中央与地方立法之间存在矛盾，各地对于同一类自然资源特许使用可担保性的规定也存在差异。另一方面，缺乏明确的抵押权实现规范指引。有的地方虽然允许自然资源特许使用权的流转，但缺乏配套的可操作性的实施细则，例如，《福建省海域使用管理条例》允许海域使用权在一定期限内设定抵押，但无抵押权实现的可操作规范，海域使用权抵押难以实现，继而给抵押财产变现带来困难。再如，实践中出现了排污权质押等新类型的担保，有学者认为排污权是否可以自由转让以及设定担保存在疑问。[①] 在司法实践中，如何认定其效力以及是否能够认定其物权效力争议较大，各地对排污权担保可以设置抵押还是质押、究竟应

① 存疑的原因在于，我国的排污权指标是通过省市进行分配，若允许排污权设定抵押则有可能出现排污指标集中于某一省市或某一企业之中（陈本寒：《新类型担保的法律定位》，载《清华法学》2014 年第 2 期）。但实际上，排污权指标的流转也是需要遵循经济规律的，若出现排污指标过于集中的情形，前提是该地区或该企业具有足够的经济实力和抗风险能力以获取排污指标。性质相似的权利在担保问题上却被差异化对待，难以对其合理性进行认可。

以何种程序加以实现等问题存在不同的规定。例如，有省市针对排污权担保采取抵押的方式，如兰州市等；[①] 还有省市采取排污权质押方式，还有部分省市尚未出台相关规范性文件对此问题作出回应。

二、行政特许权担保设定的困境

担保制度是各国民事立法中的一项重要制度，不论是市民生活抑或企业运营，均会涉及大量的担保问题，但尤其需要关注企业在运营过程中对资金需求的迫切性和灵活性。一方面，在我国民商合一的立法模式之下，纯粹的民事担保制度规则在一定程度上难以满足企业的融资需求；另一方面，在伴随企业成长而来的大量具有经济价值的新型财产标的上设定的各类担保形式不断挑战着传统担保制度。

从行政特许权本身来看，行政特许权担保所值得研究的特殊性在于，行政特许权从诞生之初便具备着强烈的公法特征，而随着资本市场的兴盛，行政特许权的财产价值越发被关注，是否应当进入民事领域以及如何与民事立法顺利衔接成为关注与争论的焦点。当然，这一争议出现的原因之一在于我们继承着传统的公法与私法划分的立法传统。虽然公法与私法的划分是纯粹从法律形式的角度对法律进行划分的，[②] 但并不能忽视我国行政特许权之上所牵涉的强烈的国家利益与社会利益。因此，究竟应当如何恰当并充分发挥行政特许权的财产价值并尽可能维护公共利益是需要考虑的核心问题之一。另外，在缺乏成熟的商业评估机构的情况下，某些行政特许权的价值难以被评估。虽然我国立法并未明确禁止难以估价的财产权利设定担保物权，某一难以确定价值的财产如何进行评估以及是否能够被担保权人所接受，应当属于商业判断[③]，但

---

① 例如《兰州市排污权抵押贷款管理办法（试行）》等。

② 参见王涌：《私权的分析与建构》，北京大学出版社 2020 年版，第 56 页。

③ 参见杨再兴、吕建伟：《矿业权抵押备案制度研究——基于房屋抵押登记的对比与借鉴》，载《中国国土资源经济》2017 年第 5 期。

这种商业判断往往会限制行政特许权担保的设定与实现。

从行政特许权主体来看，除了普通的民事主体外，还包括国家出资设立的企业及事业单位。我国的企业法人有公司制企业法人和非公司制企业法人，后者多是未改制的国有企业。在《公司法》颁布实施后，依照《全民所有制工业企业法》的规定，全民所有制企业一般是大型国有企业。虽然政府或政府主管部门要对此类企业下达指令性计划，但此类企业基于所有权与经营权相分离的原则，对其经营管理的财产享有依法处分的权利，而设定行政特许权最核心的作用之一也在于其完成了所有权与使用权的分离。施瓦茨将特许权等无形权利称作“具有重大价值的新型财产”①。换句话说，虽然国有企业与国家机关有着较多的关联，但并不能否认对其享有的经营性财产设定担保的权利。国家机关投资设立的企业所享有的财产，以企业名义对其名下财产设定担保之情形不应被禁止。但基于行政特许权主体的特殊性，享有特许权的企业在设定行政特许权担保时如何公平有效地进入竞争领域以及如何适用法律等问题是需要进一步探讨的。

从我国行政特许权行使内容来看，主要存在的矛盾有二：一是国家所有权收益权能的滥用与公共财产社会利用的交易化需求之间的矛盾。② 二是相对羸弱的公众自由使用与强大的被特许主体用益物权排他性权利之间的矛盾。上述矛盾产生的主要原因在于实践过程中催生的私法领域对行政特许权利用需求的增加与我国传统公法对行政特许权强大的管制效力之间的不协调。换句话说，如何解决“公有私用”问题是行政特许权可担保性问题的一个前置性要素。虽然《民法典》因内含较多的对行政关系之规制使公私法关系问题再次成为争议焦点，例如，根据土地性质不同，土地所有权自身就包括了不同种类，受到公法与私

---

①　王战强：《十九世纪的新财产：现代财产概念的发展》，载《社会经济体制比较》1995 年第 1 期。

②　参见张力：《国家所有权遁入私法：路径与实质》，载《法学研究》2016 年第 4 期。

法的规制程度也有所不同。对于地产、城市公地和商业设施，所有权能够保证特别的控制权能；森林和水资源则在非常高的程度上与集体权利联系在一起；对于旨在公益而设立的公共设施，所有权则似乎更多地属于国家。但需要指出的是，虽然我们并不能把公法与私法的关系进行对立，但也不等于公法与私法已然可以融合甚至不再进行明确区分。实际上，公法与私法所调整的法律关系仍然是泾渭分明的，出现融合现象的原因不在于法律规范本身，而在于实践中社会关系与社会实务的复杂性使同一事项往往同时涉及公法与私法两种要素。从《民法典》有关规定来看，行政权与物权之间本就有着千丝万缕的联系，行政权力有时可以创设物权、保护物权，有时又会限制物权；物权会排斥行政权力，但有时也需要行政权协助物权之行使。就行政特许权的担保问题而言，其设定与处分（流转）当然亦需要受到公法的限制，但特许权人在设定担保以及未来实现担保的过程中当然也需要符合民事法律的规则。因此，我们当前所要解决的核心问题并不是划分公法与私法的界限，而在于对实践中产生的问题抽丝剥茧，对行政特许权担保问题分离出需要被公法调整的部分与需要被私法调整的部分。之所以需要行政手段的介入，原因在于市场的竞争性导致了在对资源配置过程中出现的市场失灵现象，但市场配置出现的问题并不意味着要完全通过公法手段过度干预。作为一项被“特许”的权利，权利人本应享有请求排除他人干预的权利。但由于行政特许权关系到国家利益与公共利益，国家不得不在某些方面进行干预。如此，特许权人所享有的“特许的自由”，若无法排除国家无边界的干预，有时便会形同虚设。然而这种矛盾无法完全疏解，唯一的办法便是尽可能降低国家的干预程度。因此，在创设行政特许权担保物权的问题上应当在考察担保物权设定目的的合法性与担保物权客体的合法性之基础上给予行政特许权人一定的自由。

需要承认的是，无论是公法上的权利抑或私法上的权利，其设定的最终意义应当是实现或保障个人的利益与福祉，而效率是一个重要的社会目标。在一个资源稀缺的世界里，问题所关注的焦点不应再是产权归谁所有的传统思维定式，而是谁来使用以及如何用好的问题。[①]因此，针对实践中出现的公众对特定行政特许权设定担保物权的需求，国家如何在合法性的框架内对其进行保护与管理，是为考量的核心要义。从整体的价值理念来说，行政特许权担保物权的设定需要通过设定程序的公开性、权利义务的一致性等内容来完成，但行政特许权中具体各类特许权又存在较大差异，故需要对各类行政特许权进行具体分析。需要指出的是，对于某些资源是否应当受到行政特许制度调整，政府如何对这些资源进行配置，在特许权中如何对公权力进行规制等问题，属于行政法学所要研究的内容，因此，本书不对上述问题进行探讨，也不从公法角度对行政特许权制度的整体作出历史的和比较法意义上的考察。

三、行政特许权担保不同于国家公物担保以及行政特许收益权担保

（一）行政特许权担保不同于国家公物担保

有学者提出，作为特许权客体的国家公物指的是国家所有的自然资源和利用国家财政投资或者以私人投资由国家赋予其一定期限的经营权而产权归国家所有的公共设施且该设施为社会公众生产、生活所必需。这类国家公物的特殊性在于，国家公物不得作为私人取得所有权的标的，不能在国家公物上设定担保物权。[②] 有观点认为，公共财产的国家所有权行使路径限制了人民对公共财产利益分享的进入范围与程度，许可的物权化更削弱了许可制度在公法上的公益性价值。[③] 有观点认为，

---

① 参见陈婉玲：《公私合作制的源流、价值与政府责任》，载《上海财经大学学报》2014 年第 5 期。

② 参见任海青、张鹏：《行政特许物权制度研究》，载《南京社会科学》2016 年第 2 期。

③ 参见张力：《国家所有权遁入私法：路径与实质》，载《法学研究》2016 年第 4 期。

我国公物概念缺位，使公物与“私物”的区分无从显现，进而以“私物”为逻辑前提预设“民法一般原理”，公物所寄托的公共利用的福祉被无视乃至剥夺。[①] 采此观点的学者多支持“国家所有权说”，认为国家公物应当由公法与私法共同调整，而“私物”则由纯粹的民法调整即可。[②] 还有观点认为，对于国家而言，特许物权是自物权；对于特许权人而言，则属他物权。[③] 也正是由于公共资源所有权的国家所有性，决定了特许权标的物的不可通融性，即它本身不能成为法院强制执行的对象。[④] 这一观点的提出当然存在其科学性与合理性，但需要明确的是，对国家公物的担保与对行政特许权的担保是不同的。目前，学界针对国家所有权与公物的形态存在争议，如有学者认为，国家所有权的主体是国家，而公物在法律上无所有者。[⑤] 但本书为行文方便将二者等同，对此不再赘述。特许权人对国家资源、设施的利用更多的是一种使用权，若要设定担保物权，并不以“国家公物”的所有权为标的，而是以一种“类用益物权”为标的。换句话说，行政特许权人在以行政特许权设定担保时处分的并不是公物所有权，而是行政特许权本身。在担保物权实现时，转移的亦是一种使用权而非所有权，并不会对国家公物的融通性产生影响。

（二）行政特许收益权担保尚存争议

正如前文提到的，行政特许权与行政特许收益权是不同的，而行政特许收益权与收费权亦是不同的。因此，不能简单地将行政特许权的担保等同于以行政特许收益权为客体的担保，也不应当然地将行政特许收益权纳入应收账款担保规范之中。行政特许收益权担保，应指以行政特

---

① 参见张翔：《海洋的“公物”属性与海域用益物权的制度构建》，载《法律科学（西北政法大学学报）》2012 年第 6 期。

② 参见任海青、张鹏：《行政特许物权制度研究》，载《南京社会科学》2016 年第 2 期。

③ 参见任海青、张鹏：《行政特许物权制度研究》，载《南京社会科学》2016 年第 2 期。

④ 参见任海青：《公共资源特许制度研究》，南京大学 2014 年博士学位论文，第 6 页。

⑤ 参见王涌：《私权的分析与建构》，北京大学出版社 2020 年版，第 243 页。

许权将来收益为标的之担保。就行政特许收益权性质来看，学界存在不同的定性，主要有无形财产权说[①]、不动产用益物权说[②]、债权说[③]、权能说以及特许物权说[④]等。也正由于学界对收益权性质认定上的争议，导致行政特许收益权可否单独作为担保物权的客体存在争议。从实践来看，以行政特许权的“收益权”作为客体设定担保不失为企业融资的一种方式，但如若将行政特许收益权视为一项纯粹的权能，则无法作为独立标的进行转让，如《最高人民法院关于适用〈中华人民共和国合同法〉若干问题的解释（二）》（已失效）第1条就曾将转让收益权合同视为无效合同。如果继续采取此类解释，必然使行政特许收益权内含的强大经济价值得不到释放，不利于市场交易的发展。

1. 我国法律文本中的行政特许收益权范围不断发展变化

早在1997年，广东便对高速公路特许经营收费权质押作出了尝试。在原《物权法》颁布之前，原《担保法》及其司法解释对特许经营收费权质押问题就有所涉及。原《担保法》第75条兜底规定了“依法可以质押的其他权利”成为特许经营收费权（收益权）可质押的法律依据。1999年《国务院关于收费公路项目贷款担保问题的批复》明确了高速公路收费权的可质押性。同年，国家开发银行发布了《公路收费权质押贷款管理暂行办法》。2000年《最高人民法院关于适用〈中华人民共和国担保法〉若干问题的解释》（以下简称原《担保法司法解释》）第97条中，采用了“公路桥梁、公路隧道或者公路渡口等‘不动产收

---

① 参见吴汉东：《财产的非物质化革命与革命的非物质财产法》，载《中国社会科学》2003年第4期。

② 参见孙淑云：《刍议不动产收益权质押》，载《法律科学（西北政法学院学报）》2003年第3期。

③ 参见谭九生、蒲红华：《公路收费权质押贷款担保若干问题的探讨》，载《当代法学》2003年第1期；方印、魏维：《PPP特许经营项目收益权质押若干问题探究——以（2012）榕民初字第661号判决为素材》，载《贵州警官职业学院学报》2018年第1期。

④ 参见杨立新、王竹：《关于完善物权法用益物权体系的若干意见》，载http://pkulaw.cn/fulltext_ form. aspx?Gid=335581458&Db=art，最后访问日期：2022年12月30日。

益权’”的概念。国务院办公厅于2001年转发《国务院西部开发办〈关于西部大开发若干政策措施的实施意见〉》并指出，“对具有一定还贷能力的水利开发项目和城市环保项目（如城市污水处理和垃圾处理等），探索逐步开办以项目收益权或收费权为质押发放贷款的业务”，这是国家首次明确可以将城市环保项目的收益权进行质押。随后，原国家发展计划委员会和中国人民银行印发的《农村电网建设与改造工程电费收益权质押贷款管理办法》陆续明确了电费收益权、公路隧道等特许经营收益权的出质问题。原《物权法》颁行之前的规定虽然在一定程度上构建起了特许经营收益权质押体系，但债权效力与物权效力混同，公示方式多样等问题也造成了司法实践中的一些困境。然而，原《物权法》实施后，在物权法定原则的规制下，特许经营收益权的权利属性与权属范围并未变得更加清晰，反而在特许经营权与特许经营收益权担保问题之间产生了诸多争议。而后，又由于2017年中国人民银行出台的《应收账款质押登记办法》（已失效）和2021年中国人民银行出台的《动产和权利担保统一登记办法》，统一使用了“应收账款”的概念，将公用设施和公用事业项目收益权纳入应收账款范围之中，导致特许经营收益权与应收账款之间的关系又出现了新的疑问。

2. 行政特许收益权与不动产收费权存在混淆

正如前文所述，由于行政特许收益权及其相关概念内涵之不确定，实践中出现了不少疑问。在此，首先需要理顺的是行政特许收益权、特许经营收益权、特许经营收费权以及应收账款等概念之关系。由于法律文本针对收益权的规范主要集中在特许经营领域，故在此仅以特许经营收益权为例进行探讨。

从域外立法来看，美国虽然存在特许经营权之概念，但《美国统一商法典》并未明确特许经营权（收益权）之规范。由于《美国统一商法典》并不强调物权法定原则，在第9篇第9－109条规定了可以从解释上囊括特许经营（收益权）在内的范围极广的担保物权标的。与此相似，《德国民法典》亦不存在针对特许经营权（收益权）担保问题的规定，而是在第1113条及第1279~1290条之中规范了一般债权担保的问题。[①] 我国亦有学者认为，特许经营收益权可等同于德国的一般债权性质。与之不同的是，法国权限争议法庭认为，高速公路使用者所交的通行费具有“捐税性质”，不产生高速公路特许人和使用者之间的合同关系。[②]

从对我国针对特许经营收益权的立法梳理来看，我国立法文件针对特许经营收益权往往指的是一项“收费权”。由于特许经营收益权的内涵并不确定，立法文件中“收费权”与“收益权”的概念时常被混为一谈。那么，特许经营收益权与特许经营收费权究竟应当是何关系？特许经营收益权所包含的范围究竟应当是什么？我国学界早期将收益权界定为：“收取从原物产生的新增经济价值的权利。”[③] 针对收费权的界定，有学者认为指的是权利人对将来可能产生的收益所享有的请求权，实际上是一项预期债权。[④] 依此定义前半段，利用公共资源而产生的收益应当是一项对物利用获得的收益而不符合债权请求权的定义。故有学者批判此观点，认为该观点前后矛盾，收费权实则更接近于不动产物权效力而非债权效力。[⑤] 本书认为，学者们在针对收费权与收益权概念的厘定之时已出现对收费权与收益权二概念的混淆，“收益权”与“收费权”的含义应当是有所区别的。以公路收费权为例，当行政特许权人对某公路进行利用并设置收费站时，特许权人就已然享有了对公路的收益权，这一权利是稳定且现实存在的。当特许权人基于其享有的收益权而

① 如《德国民法典》第1113条第2款规定：“抵押权亦得就将来之债权或附条件之债权而设定之。”

② 参见［法］A. 德洛巴德尔：《行政法论》，1980年法文版第2册，第221页。转引自王名扬：《王名扬全集：法国行政法》，北京大学出版社2016年版，第276页。

③ 寇志新：《民法学》，陕西人民出版社1998年版，第356页。

④ 参见胡康生主编：《中华人民共和国物权法释义》，法律出版社2007年版，第481页。

⑤ 参见崔建远：《关于债权质的思考》，载《法学杂志》2019年第7期。

向过往车辆行使收费权时，收费权的行使就是一项基于合同关系而产生的债权请求权。简言之，特许经营收益权实则呈现出的形式为“特许经营权——特许经营收益权——收费权”，最终的收费权即为学者提到的“预期债权”，冯·图尔教授将其界定为欠缺法律要件其中之一的债权。①

（三）行政特许收益权担保不能代替行政特许权担保

在明确了特许经营收益权的范围后，需要考虑的问题是行政特许权担保与行政特许收益权担保的关系。就此问题来看，法律文本中存在不同的规定。2014 年出台的《国务院关于创新重点领域投融资机制鼓励社会投资的指导意见》第 35 条明确支持收费权、特许经营权质押贷款等担保创新类贷款业务。② 然而在司法实践中，最高人民法院发布的第 11 批指导性案例中的指导性案例 53 号针对特许经营权收益质押的问题进行了研判。在本案例中，虽然当事人之间签订的是《特许经营权质押担保协议》，但法院最终判决特许经营权的收益可以质押并作为应收账款进行出质。法院认为，污水处理项目特许经营权包括两部分：一是特许经营者对污水处理厂的运营和维护的义务，不可转让；二是特许经营者获取收益的权利，该部分可以设定质押。有学者认为，区分特许经营权和收益权，并进而允许收费权进行质押的判决思路，使基础设施和公共服务领域的收费权质押融资彻底摆脱了行政干预的影响，能够避免因基础性资产性质不同导致的权利让与时的制度障碍。③ 还有观点认为，

① 参见刘绍猷：《“将来债权”的让与》，载郑玉波主编：《民法债编论文选辑》（中），台北，五南图书出版公司 1984 年版，第 897 页。

② 《国务院关于创新重点领域投融资机制鼓励社会投资的指导意见》（国发〔2014〕60 号）第 35 条规定：“探索创新信贷服务。支持开展排污权、收费权、集体林权、特许经营权、购买服务协议预期收益、集体土地承包经营权质押贷款等担保创新类贷款业务。探索利用工程供水、供热、发电、污水垃圾处理等预期收益质押贷款，允许利用相关收益作为还款来源。鼓励金融机构对民间资本举办的社会事业提供融资支持。”

③ 参见王乐兵：《“物权编”与“合同编”体系化视角下的应收账款质押制度重构》，载《法学家》2019 年第 3 期。

不动产收费权由不动产载体与行政特许赋权构成。因此可将不动产收费权划归特许经营权之中，不动产收费权是特许经营权的表现。[①] 但此观点将收费权纳入特许经营权之后，如何处理收费权与特许经营权之关系以及如何实现其之上的担保物权却未再说明其特殊性。相反观点认为，不能简单地将行政特许权的担保等同于以行政特许权收益为客体的担保。[②] 实际上，该指导性案例一方面将特许经营权的运营与收益进行了划分，另一方面将特许经营收益权视为特许经营权之下位概念。但本书认为，此两方面均具备继续探讨的余地。就前者来看，一项权利往往与义务相关联，可以转让的并非绝对的权利，即使权利主体流转其享有的绝对权亦伴随着相应义务的流转。就后者来看，法院认可了特许经营收益权的质押而未说明当质权实现时可能出现收益权与特许经营运营“义务”相分离问题时应当如何处理，给收益权质押的实现方式带来了疑问。

另外，正如前文所述，特许经营权作为一项市场准入资格，不应当作为担保标的，但可以将特许经营收益权作为一项担保标的。问题在于，收益权并不仅存在于特许经营权之中，其他的行政特许权也包含着收益权。那么，诸如公共资源特许使用权等可以作为担保标的的行政特许权设置担保与行政特许权收益权担保是什么关系？后者可否代替前者发挥作用？换句话说，是否仅允许行政特许收益权设定担保，而不允许行政特许权设定担保？如果将行政特许权的担保等同于行政特许权收益的担保，就可能使社会公众认为以行政特许权设立担保能够突破行政特许权转让限制。将二者等同视之，则可能形成行政机关免除其在担保权设立时的审查责任，但在担保权实现时限制行政特许权转让的局面。[③]

---

① 参见崔建远：《关于债权质的思考》，载《法学杂志》2019 年第 7 期。

② 参见高圣平：《论土地承包收益权担保的法律构造——兼评吉林省农地金融化的地方实践》，载《法律科学（西北政法大学学报）》2015 年第 6 期。

③ 参见严聪：《论行政特许权担保在民法典编纂中的整合与重构》，载《山东社会科学》2019 年第 2 期。

本书认为，行政特许收益权担保不能代替行政特许权担保。首先，行政特许权与行政特许收益权并不相同，应当承认行政特许权的担保。如自然资源特许使用权，其本身既具有使用价值又具有交换价值，并不必须依靠收益权来实现交换价值。在行政主管部门同意流转的前提下，应当承认行政特许权可以设立担保物权。在明确区分行政特许权与行政特许收益权的前提下，应当将两类财产权利纳入不同的担保物权体系加以规制。其次，特许经营收益权质押在西方国家已然成熟，但在我国的制度中并不明确。一方面，实践中能够设定收益权担保的特许经营项目还包括政府采购服务型项目，此类项目的收益来源主要依赖政府支付的服务费。此类项目主要依赖政府信用，如若政府部门不再继续支付资金，那么此类特许经营权的收益便无法获取，继而影响担保物权人的权利实现。另一方面，行政特许收益权的担保由于缺乏明确的界定与规范，实践中对行政特许收益权的担保设置了诸多公法与私法上的规范。在项目运营过程中，由于担保后的收益权可能受到限制，如若出现特许经营权人存在违约等损害项目运营及收益的情形，则会对担保物权人的利益实现带来风险甚至损害。最后，尽管实践中有将特许收益权担保纳入应收账款担保并加以登记的情况，但目前我国法律并没有明确针对行政特许收益权担保的法定公示方式及其效力的规定，此类情形欠缺交易安全。由于“收益权”的内涵极其丰富，并不单指行政特许权的收费权，还包括其他财产权的收益权，面对日益丰富的收益权，在缺乏有效担保公示的前提下，以其担保会给市场经济带来巨大的风险。

既然行政特许收益权担保不同于行政特许权担保，那么企业是否可以同时设定行政特许权担保与行政特许收益权担保？换句话说，在既可以设定行政特许权担保又可以设定特许收益权担保的同一行政特许权上是否会出现重复担保的情形？若出现此类情形，又应如何实现担保物权？本书认为，虽然上述两类担保关系的形成并未建立在同一担保标的之上，但并不可否认行政特许权与行政特许收益权之间存在密切关联。

但也正因为二者标的并不同一，因此并不能否认同时设定两类担保物权的可能性。当然，虽然行政特许收益权担保似乎具有更为便捷之优势，但存在的风险也不容忽视，如实践中已经出现了出质人与第三债务人虚构收益以骗取担保资金的情形。此类情形虽然可以通过解释要求出质人承担权利瑕疵担保责任或要求第三债务人承担侵权责任，但质权人行使权利的成本必然增加，因此，应当对行政特许收益权担保的规制另作考量。

四、尚难形成统一的行政特许权担保制度

（一）行政特许权无法被纳入“特许物权”之统一概念

1964 年，美国学者查尔斯·雷齐提出，政府正在源源不断地创造财富，主要包括：薪水与福利、职业许可、专营许可、政府合同、补贴、公共资源的使用权、劳务等。[①] 换句话说，政府不仅要为人民生活提供保障，还需要在此基础上尽可能创造财富来推动国家的发展。但针对上述特殊的财产类型来说，以市场为基础的政府的适当管制与控制亦是必要的。国家通过公法手段对经济领域进行规制亦不断加深，许多具有直接经济利益的“财产”由公法所创设，国家也逐渐成为创造财富之主体。相应地，财产权利“公法化”的问题开始出现。实际上，一个社会的财产分配主要是公法的使命，不是民法的使命，民法只不过是将公法所创造的这些财产权再加以私法上的效力和私法上的保护而已。[②] 当然，社会事业规模的扩张，许多事业仅通过私人努力并不一定能够完成。但反过来说，人们基于自发的合意而进行意思集结其所能够完成的事业，即使也具有公共性，尽管也属于国家行政法制推进过程中

---

① See Charles A. Reich, *The New Property*, Yale Law Journal, 73 (1964), p. 783. 转引自梅夏英：《当代财产权的公法与私法定位分析》，载《人大法律评论》2001 年第 1 期。

② 参见王涌：《私权的分析与建构》，北京大学出版社 2020 年版，第 273 页。

的一个重要组成部分，但应从行政范畴中排除出去。[①] 在行政特许权的设立行使中，国家究竟是作为一个民事主体享有所有权，还是作为一个独立于社会的公共权力的执掌者而享有财产权，是难以绝对分开的。[②] 然而在特定情境下，我们往往又需要严格区分政府对他物权行使的监督职能和在他物权设定中的合同当事人地位。[③] 因此，有学者提出了“特许物权”之概念，试图对行政特许权这一权利进行定义并期望适用特别法规范。但本书认为，是否有必要将行政特许权纳入“特许物权”这一概念，有待商榷。一方面，特许物权的概念将公权力的“特许”与私权利“物权”杂糅在一起，试图表明此类权利的特殊性。另一方面，这一包含着公权与私权属性的权利究竟应当从属于公法上的权力还是私法上的权利，应当如何适用法律的难题仍然得不到明确的解答。与此同时，正如前文所述，行政特许权项下三类不同的权利仍然存在不少的差异，难以通过统一概念进行统一规范。在此，本书并无意于对上述概念的具体内涵作出更多的分析。原因之一在于，法律中的某些概念并不具有完全充分的合理性与逻辑性，但却在实践中展现出强大的生命力，行政特许权项下的诸多概念便呈现出这一特征。

实际上，无论行政特许权可否形成统一“特许物权”，抑或对行政特许权物权或债权的界定，其本质仍是对行政特许权价值判断的一种解释。在民法解释层面，无论采取何种学说，并无对错之分，更多的是需要在诸多解释中找寻到更优路径。一方面，强调行政特许权的私权属性，主要目的在于减少公权力对行政特许权行使的不当限制；另一方面，对行政特许权属性探讨的主要目的并不仅仅停留在解释层面，而在于区分不同属性的权利在权利变动过程中的不同模式。如若行政特许权

---

① 参见杨建顺：《行政规制与权利保障》，中国人民大学出版社 2007 年版，第 51 页。

② 参见王利明：《国家所有权研究》，中国人民大学出版社 1991 年版，第 9 页。

③ 参见王智斌：《行政特许的私法分析》，西南政法大学 2007 年博士学位论文，第 84 页。

是物权，那么物权变动的方式原则上离不开形式主义的框架；如若行政特许权是一项债权，那么债权变动则无须交付、登记等形式要件；如若行政特许权是一项身份权，则需要对行政特许权的担保问题持怀疑态度。从行政特许权的转让来看，使受让人获取事实上的管领力，就需要将行政特许权证记载的权利人由出让人变更为受让人，如此便与形式主义权利变动模式相似。因此，在对权利进行解释与界定的过程中出现了一种“后果论”的进路。在实践过程中，我们不能再将目光单纯聚焦于行政特许权“是否是物权”这一纯粹的概念界定上，而应当转向具体规则的适用与解释之上。在以法律概念和法律范式为中心的具有稳定性的范式之下，如何使变动的社会关系置于之中，以不变应万变，成为行政特许权担保问题研究的核心之一。

（二）行政特许权复杂的权利形态难以采用统一概念设置担保制度

《民法典》未在抵押和质押的财产范围中统一使用“行政特许权”这一概念。关于行政特许权能否单独作为担保标的问题，理论上存在不同认识。一种观点认为，行政特许权不能单独作为担保标的。行政特许权的权利状态极其不稳定，实际上就是行政机关时收时放的权利，即使其具有一定的财产价值，也不能设定担保，而“收费权”因其属于民事权利方能设置担保。[①] 另一种观点认为，应当在立法中直接将“行政特许权”独立列为一类担保财产。[②] 其认为，在承认行政特许权私权属性的前提下，将具体行政特许权在担保制度中抽象出共性是可行的。这样做的优势在于，采用统一概念能够满足关于行政特许权担保制度的简洁性和有效性需求。但本书认为，当前尚无法形成统一的行政特许权担保制度。首先，虽然自然资源特许使用权、公共资源特许使用权以及特许经营权在一定程度上存在关联与相似性，但行政特许权作为一个集合

---

① 参见王利明：《收费权质押的若干问题探讨》，载《法学杂志》2007 年第 2 期。

② 参见严聪：《论行政特许权担保在民法典编纂中的整合与重构》，载《山东社会科学》2019 年第 2 期。

概念，其所包含的权利种类与权利形态纷繁复杂，采用统一概念设置担保物权制度难以照顾到各项具体权利之间的差异性。其次，我国实践中出现了大量的具体行政特许权担保，需要对这些担保所出现的问题进行有针对性的解答。而采取统一概念虽然能够在一定程度上提高担保效率但缺乏针对性，难以有效解决当前出现的特定纠纷。换句话说，对行政特许权抽象出统一概念并列为一类担保财产并非不可，但需要在相对厘清具体行政特许权担保的特殊性之后再进行有针对性的规制，才能更好地与当前实践相融合。最后，《美国统一商法典》《欧洲示范民法典草案》均设立了一种概括性动产性资产担保制度，在面对庞杂的动产性资产担保问题上构建了统一并单一的制度框架。此种立法模式无疑为实践带来巨大便捷，但能否顺利归入我国担保物权制度框架下仍需进一步思考。正如前文所述，我国长期采取形式主义的民事立法模式，已经形成了虽然较为复杂但相对稳定的担保制度，如若贸然对担保物权制度进行重新整合，恐不现实也不具有可操作性。

第二节　行政特许权设立担保的类型

行政特许权具有担保适格性，可以设立担保，但担保的类型如何，理论与实践都存在不同的看法。一种观点认为，在以行政特许权设立担保时，不应再分别归于抵押和质押的范畴之下，而是应将其统一纳入抵押担保的范畴。① 另一类观点认为，应当分别对具体的行政特许权担保作出不同的分析与界定。② 从立法例来看，域外立法关于权利质权的客

① 参见严聪：《论行政特许权担保在民法典编纂中的整合与重构》，载《山东社会科学》2019 年第 2 期。

② 参见铁燕、何江：《排污权担保贷款制度实证研究》，载《甘肃政法学院学报》2016 年第 1 期。

体多采取开放式概括立法模式，不界定具体的权利范围，如《德国民法典》第 1273 条、《日本民法典》第 362 条、《瑞士民法典》第 899 条、《韩国民法典》第 345 条等。在我国，虽然《民法典》颁布之前，学界主流观点认为，应当对权利质权客体的种类采取开放式的立法模式，[①]但《民法典》保留了针对权利质权客体的封闭式规定，究其原因在于实践中新出现的权利不宜被把握，过于宽泛的权利质押会在市场交易过程中带来一定的风险。虽然这种忧虑可能并非十分科学，但在以《民法典》为基础的民法体系之下，我们应当尊重与适用已颁行之规范。因此，行政特许权担保不能采取权利质权的类型，应采取抵押权的类型。

就传统意义上的担保物权尤其是抵押权来说，虽然担保财产在担保物权期限内的用益价值仍然归属于抵押人，但在担保物权实现时，抵押权人既然掌握抵押物之交换价值，以担保债权之优先受偿，自须将抵押物用益价值包括在内之全面价值一并支配，才能完全实现抵押权之优先受偿机能。[②] 由于行政特许权是一项综合性权利，内含着权利、权力、行为与物等各种内容，其有关抵押问题应当分类型进行考虑。

一、行政特许权担保物权之设定

行政特许权人本质上是使用权主体，其作为使用权主体，应当如何设定担保物权？换句话说，行政特许权担保物权的设定问题，其核心在于如何在实现公共资源的有效利用过程中对行政特许权人进行适当的权

---

① 参见王利明：《我国民法典物权编的修改与完善》，载《清华法学》2018 年第 2 期；高圣平：《担保物权司法解释起草中的重大争议问题》，载《中国法学》2016 年第 1 期；邹海林：《论〈民法典各分编（草案）〉“担保物权”的制度完善——以〈民法典各分编（草案）〉第一编物权为分析对象》，载《比较法研究》2019 年第 2 期；裴亚洲：《民法典应收账款质押规范的解释论》，载《法学论坛》2020 年第 4 期。

② 参见谢在全：《担保物权制度的成长与蜕变》，载《法学家》2019 年第 1 期。

利限制以实现公共资源的良性有序发展。在物权法上，只有具备财产价值和物权属性且能够流通的财产权利，才能够设定担保物权。虽然自然资源特许使用权与公共资源特许使用权在范围上存在差异，但正如前文所述，两类特许使用权对资源的利用存在一致性。因此，本节将以自然资源特许使用权为主对两种权利的担保设定作出统一的探讨。

（一）行政特许权担保物权应择抵押之方式

针对行政特许权，若可设定担保物权，那么其可设定的是何种担保物权？从我国立法发展来看，抵押权已然从“不动产抵押”阶段发展到了“泛抵押权”阶段。因此，不能直接认定某些权利不可设定抵押权。[①] 换句话说，当某项权利未被法律法规明确允许设定权利质权，亦未违背明确禁止设定抵押权的前提下，此项权利就完全可置入抵押权框架之下加以规范。在行政特许权中，公共资源特许使用权由于需要依附于不动产之上，具有不动产之属性，因此，可以准用不动产抵押之规则。但值得注意的是，我国《民法典》允许权利为担保物权的标的物，大多数权利被法律拟制为动产而进入动产担保的范畴。作为动产质权设立要件的“移转标的物的占有”，在权利质权领域也就成了“移转权利凭证”或“权利证书的交付”。[②] 在我国，公共资源特许使用权尤其是自然资源特许使用权最终是以权利证书的形式予以展现。因此，有观点提出，从特许权的表现形态上看，它是一种无形的权利，特许权证书是其权利载体，因此，法律应当允许其质押。[③] 从域外立法来看，大陆法系国家多承认可让与财产权利之质权设定，如《德国民法典》第 1274 条、《瑞士民法典》第 899 条等。当然，上述立法的前提是抵押权以不动产为前提。但与之不同的是，《西班牙民法典》第 334 条将“市政公

① 参见董学立：《也论“新类型担保的法律定位”——与陈本寒教授商榷》，载《法治研究》2015 年第 4 期。

② 参见孙宪忠：《中国物权法总论》（第 3 版），法律出版社 2014 年版，第 314 页。

③ 参见任海青：《公共资源特许制度研究》，南京大学 2014 年博士学位论文，第 120 页。

用事业的特许经营权”与“矿山”一起纳入不动产的范畴，因此，在西班牙法上，行政特许权在担保时全部被纳入抵押的体系。

本书认为，行政特许权担保应设立抵押权而非权利质权。

首先，从担保物权基本原理来看，可让与的权利通常均可作为权利质权的客体。但从我国《民法典》第440条对权利质权的客体规定来看，其主要为股权、基金份额、知识产权以及债权，并没有明确认定公共资源特许使用权的可质押性。由于不同权利的利用方式存在差异，如果不加区分地认为通过转移权利凭证便可达到公示质权负担的目的，则会在实践中出现不妥之处。从可以设定质权的权利来看，有权利凭证的权利出质后，原权利人由于缺乏权利凭证一般无法继续行使该权利。但若对行政特许权使用权证进行转移，并不能从根本上阻止行政特许权人对公共资源的开发与利用。因此，若仅将“权利证书的交付”视为行政特许权出质之成立要件，与质权公示目的不符。虽然不动产物权证券化的趋势越发明显，但行政特许权相较于普通的不动产物权还是存在诸多不同与限制。

其次，若允许行政特许权设定质权，权利质权以转移权利凭证作为公示方式，此时无论是质权人还是出质人均不可再对该出质权利进行使用。换句话说，若海域使用权、矿业权等自然资源特许使用权被出质，则被设质的自然资源特许使用权原则上将不被允许使用，继而无法产生收益，这将会极大地降低资源开发与利用效率，此举与担保设定目的相悖，因此不能允许自然资源特许使用权设定质权。实践中虽然出现了由第三方代管质押标的的情形，但由于公共资源特许使用权体量较大，确定第三方能否顺利代管以及如何代管的成本较高，对担保物权设定效率和企业融资带来一定障碍。

再次，举凡以登记作为公示方法的不动产物权，如设定质权，应以权利让与的方式为之，则须经由登记始生效力，已与质权性质不合，且出质人经由权利设质而须交付本于该权利所占有的不动产，有发生质权存在于不动产的疑义。[1] 因此，作为依附于不动产之上的公共资源特许使用权从形式上看不得为权利质权的标的物。

最后，我国《民法典》第446条规定，权利质权还适用动产质权的规定。这一规定产生的一个问题在于，若将转移公共资源特许使用权权利凭证视为权利质权并适用动产质权之规则，那么动产质权隐含的特征之一便是不可再设定重复担保。从公共资源特许使用权来看，其价值较大，若无法设定重复担保，公共资源特许权的剩余价值便不可再发挥其应有的融资价值。因此，本书认为，行政特许权仅能设定抵押权而不能设定权利质权。

（二）行政特许权抵押与浮动抵押之关系

在允许行政特许权设定抵押权的前提下，需要进一步考虑的问题在于，抵押权的客体是什么？在行政特许权设定抵押权之后，权利是不能随意处分的。那么诸如采矿权等需要通过处分矿产原材料或矿产产品来获取收益的企业，是否还能够随意进行处分？换句话说，在行政特许权抵押问题上需要探讨的维度有二：一是行政特许权可否设定浮动抵押？二是行政特许权抵押与浮动抵押竞合后的处理问题。

通说认为，我国原《物权法》第181条（现《民法典》第396条）确立了浮动抵押制度，但具体的制度设计实则与英国、日本等域外国家存在诸多区别。区别之一在于浮动抵押物的范围，我国主要限定于特定的有形财产，域外许多国家则允许包括债权、知识产权等无形财产。行政特许权的特殊性在于，权利本身是一项权利集合，可能涉及土地/水域使用权、收益权、建筑辅助开发建筑物权、取得资源产品所有权的权利等。从学理上看，有学者主张我国应通过完善浮动抵押制度使特定行

---

① 参见郑冠宇：《民法物权》，台北，新学林出版社股份有限公司2011年版，第638～639页。

政特许权诸如矿业权设定浮动抵押成为可能。① 理由在于，通过构建浮动抵押，“抵押权人没有必要担忧因矿山安全被吊销许可证而导致抵押物灭失，因为矿产权设立使矿产权从行政许可中独立出来，行政处置不应及于物权，吊销驾照而不能收缴机动车辆”②。若允许如此，以动产设为浮动抵押进行登记的机关和登记的效力便与行政特许权设立时的机关相分离。实际上，就行政特许权担保物权的设定问题来看，学界关注的核心问题之一是如何尽可能将行政特许权中所包含的财产权从行政特许中剥离出来。从我国《民法典》第396条来看，尚且无法从文义解释中解读出在行政特许权上设定浮动抵押的可能。然而，虽然不能当然允许行政特许权设定浮动抵押，但却有可能出现行政特许权抵押与浮动抵押财产之间出现竞存的情况。虽然《民法典》未对此问题作出单独的规定，但根据《民法典》第414条关于清偿顺序的一般性规定，仍应当依据登记先后顺序来确定行政特许权抵押与浮动抵押实现之顺序。

（三）行政特许权人为第三人设定担保物权的限制

原则上，行政特许权人可以为担保自己的债务设定担保物权。但是，行政特许权人能否为担保第三人的债务而设定担保物权的问题却值得思考。一方面，行政特许权本身存在特殊性。行政特许权尤其是特许经营权主要涉及公共事业类产品或服务，与社会的发展有着密切的关系。在权利行使过程中投入巨大，但收益相较其他经营活动却较为缓慢。因此，应当尽可能保证行政特许事业的稳步发展，降低其在开发过程中的风险，允许行政特许权设定担保的原因也在于此，但为他人设定担保无疑增加了特许权人自身的风险。另一方面，我国立法对行政特许权担保问题存在不同态度。如实践中针对矿业权人可否为第三人设定担

---

① 参见康纪田：《矿业浮动抵押制度初探——基于矿业权抵押的困境与出路》，载《河北经贸大学学报（综合版）》2011年第4期。

② 康纪田：《矿业浮动抵押制度初探——基于矿业权抵押的困境与出路》，载《河北经贸大学学报（综合版）》2011年第4期。

保物权的问题，山西省人民政府于2016年施行的《山西省煤炭资源矿业权出让转让管理办法》以及广西壮族自治区国土资源厅《关于进一步做好矿业权抵押公开有关工作的通知》等地方规范性文件中明确允许矿业权人可以为第三人设定担保，但也有部分省市并没有作出明确的规定。从《公司法》的角度来看，《公司法》第15条规定了两种担保，以是否与本公司有投资关系或是否有实际控制力为划分标准分为一般担保与特殊担保。两类担保的决策主体是不同的：一般担保决策主体由董事会或股东会依据公司章程作出，特殊担保仅能由股东会决定。换句话说，行政特许主体在设定担保物权问题上，无论是对自己债务担保抑或对第三人债务担保，均会受到公司内部的股东决策的限制。因此，行政特许权人为他人设定担保在没有法律禁止性规定的情形之下仍然需要受到双重限制：一是来自特许企业内部股东会的内部评估，二是来自相关行政主体的外部监督。这在一定程度上降低了为他人担保的风险。但也基于此，行政主体似乎又需要担负极为重要的审查与监督之责任，其基于“法无规定不可为”的基本原则将会否认此类担保的设定。

本书认为，由于行政特许权具有较强的公益性，针对行政特许权人为第三人设定担保之行为应持审慎态度，但并不应完全否认对第三人债务的担保设定之效力。在实践过程中可以对行政特许权人欲担保之项目与其自身特许权之关联度进行考察，确保行政特许项目担保设定的有序，尽可能减少行政特许权的不当担保而造成的不必要损失。

二、自然资源特许使用权担保与土地/海域使用权担保之协调

在明确自然资源特许使用权可担保性后，在民事法律框架体系之中如何对各类自然资源特许使用权担保进行规则适用并不是简单的问题。因此，追求自然资源使用“私益”的目标是否单纯通过物权框架进行所谓“社会化”的转换就能够成功实现尚有待进一步思考。例如，在日本、韩国等国，渔业法上的渔业权主要是在公共水域设定的权利，之

所以如此，是因为没有相同内容的海域使用权的存在，设定渔业权不存在权利冲突的问题。[①] 但是，在我国《民法典》明确规定海域使用权可作为抵押财产的情况下，《民法典》所包含的其他自然资源特许使用权如何与既存的土地/海域使用权作出恰当区分以更好地实现其交换价值，是需要重点考虑的又一问题。

（一）"双重权利承认"模式下自然资源特许使用权的定位

在我国"双重权利承认"的立法模式下，土地/海域使用权与其他自然资源特许使用权应当是相互独立的权利。权利人享有了土地/海域的使用权并不能当然享有矿业权、养殖权等权利；权利人享有矿业权、养殖权后，亦无法当然享有土地/海域使用权。但在实践中，各项权利往往交织在一起。面对自然资源特许使用权在客体认定上的复杂性以及"双重权利承认"立法模式下权利的交错性，土地/海域使用权与其他自然资源特许使用权之间权利层级认定的争议性，给自然资源特许使用权担保设定带来疑问。

就海域使用权与土地使用权的关系来看，二者之间的权利层级存在不对称之处。《土地管理法》与《海域使用管理法》作为同等位阶的法律规范，分别使用了"土地使用权"与"海域使用权"的概念。从形式上看，土地使用权与海域使用权更多的应当是一种抽象概括的权利，并不区分土地/海域使用的目的与权利性质，在此意义上，土地使用权与海域使用权应为并列层级的概念。但如果进一步考查其他立法文本，这一结论似乎并不绝对。《民法典》并未使用"土地使用权"这一概念，而是将海域使用权与建设用地使用权、土地承包经营权等各项具体权利规范在用益物权一章之中。另外，《民法典》第 395 条将海域使用权与建设用地使用权并列作为可抵押财产。因此，从形式上来看，《民

① 参见王克稳：《"使用水域、滩涂从事养殖、捕捞的权利"的行政法解析》，载《苏州大学学报（法学版）》2020 年第 4 期。

法典》框架下的海域使用权实则与建设用地使用权等具体土地使用权利属于并列关系。由此产生的弊端便是，具有抽象指导意义的海域使用权在进入《民法典》之后，由抽象身份转变为具象身份而成为一项与建设用地使用权等权利具有相同意义的独立的财产权利，继而造成了我国土地使用权与海域使用权权利层级的不对称，导致海域使用权在实践运行中出现了一定疑惑。

就海域使用权与《民法典》第329条所确认的权利来看，有学者指出，海域使用权与第329条所规定权利的不同之处在于，海域使用权是一束权利。[①] 还有观点指出，虽然矿业权、取水权等权利被规范在《民法典》物权编用益物权分编之中，但该类自然资源特许使用权与典型物权是不同的，是一种准物权；海域使用权是一系列物权的总称，本没有必要设计成为一项单独的用益物权，但为了实现海域的集约化利用，将其认定为用益物权是具备必要性的。[②] 从我国当前立法规范来看，海域使用权与其他“准用益物权”均被纳入《民法典》物权编用益物权分编中加以规定，在未做特别说明的情况下，用益物权分编下的各项权利之间应当是平等并列的关系。但《民法典》第328条作为引致性条款，将对海域使用权的调整与规范引向其他法律规定，目前主要是由《海域使用管理法》对海域使用权各项内容作出专门性规范。但《海域使用管理法》规定了包括养殖用海、矿业用海等在内的不同用海类型，从这一点来看，个人或组织（单位）享有的在特定海域采矿、养殖等权利似乎只是一种对特定海域使用的方式，采矿、养殖的权利仍然应当归属

① 参见崔建远：《中国民法典释评·物权编》（下卷），中国人民大学出版社2020年版，第42页。

② 参见最高人民法院民法典贯彻实施工作领导小组：《中华人民共和国民法典物权编理解与适用》（下），人民法院出版社2020年版，第1041页。还有学者采相似观点，认为此类权利为准用益物权。参见孙宪忠、朱广新主编：《民法典评注·物权编》（第3册），中国法制出版社2020年版，第27页。

于海域使用权之中。[①] 然而事实是，《民法典》第329条单独列明了采矿权、取水权等独立的权利。如此，在承认各类独立权利的前提下，海域使用权的属性被弱化，准物权的色彩就彰显，从另一个方面表明设立海域使用权制度违反法律制度设置及运行的规律。[②] 有学者从对公共利益保护的角度，认为获得了海域使用权并不当然获得开采、捕捞等权利，如果需要从事开发活动，就需要同时取得两项权利。[③] 但这一结论有悖具体类型用海权的内涵。我国海域使用权设立的目的之一便在于允许权利人通过合理方式利用特定海域从事采矿、养殖、旅游等行为并最终获取收益。若在获取特定海域后进行开发利用仍需另行获得开发的权利（资格），那么实际上就架空了海域使用权本身“用益物权”的权能。

综上所述，在“双重权利承认”的立法模式下，土地/海域使用权应当与采矿权、养殖权等《民法典》第329条所规范的权利相互独立，各司其职。但又由于立法上有时以用途为标准对用海、用地类型进行划分，使采矿、养殖等行为成为用海、用地的一种方式，权利之间相互交织使《民法典》第329条权利的独立性存疑。在此既定立法背景下，如何尽可能将各类独立的权利剥离开以顺利设定担保，本书认为可将视角置于权利客体辨认之上对该问题加以判断与说明。

（二）“双重权利承认”模式下自然资源特许使用权担保的设定

如前所述，基于自然资源特许使用权所具备的物权特征及其可流转性，原则上应当认可自然资源特许使用权的可担保性，但并不能由此否认《民法典》第329条所规定的各项自然资源特许使用权之间存在的差

---

① 《海域使用管理法》规定的海域使用类型主要包括：养殖用海、拆船用海、旅游娱乐用海、盐业矿业用海、公益事业用海等。

② 参见崔建远：《中国民法典释评·物权编》（下卷），中国人民大学出版社2020年版，第39页。

③ 参见王利明：《物权法研究》（下卷）（第4版），中国人民大学出版社2016年版，第1036页。

异性。由于担保物权的设立与实现并不关注权利客体的占有、使用，而是关注交换价值的有效实现。因此，尽管权利客体认定争议的存在不会从根本上动摇自然资源特许使用权的可担保性，但可能会造成既存自然资源特许使用权与土地/海域使用权之间以及自然资源特许使用权之间担保设定与实现过程中的冲突与矛盾，故需要进一步探讨。由于对自然资源利用方式的不同，以权利客体构成是否具有二重性作为划分标准，可将《民法典》第 329 条所规定的自然资源特许使用权划分为两种类型。

1. 不具备二重客体的权利

这类权利主要包含探矿权、取水权、养殖权和捕捞权。在此类型项下，又可分为两种类型：

（1）以土地/海域为客体的自然资源特许使用权。这类权利包括探矿权以及在特定水域、以固定渔具采捕的养殖权和捕捞权。

就探矿权而言，虽然我国法律通常将探矿权与采矿权合并称为“矿业权”，但二者所追求的目标是不同的：前者以探明特定区域的矿产资源、获取特定地质矿产资料等信息为目的，后者则更多的是以直接取得矿产品为目的。当然，目的不同并不决定着权利指向客体的必然差异，因此，有学者并不区分探矿权与采矿权，将矿业权的客体统一认定为“由特定的矿区或工作区内的地下土壤和其中所赋存的矿产资源组成”①。虽然这一结论存在一定的科学性与合理性，但本书认为仍有值得商榷之处——探矿权与采矿权的权利客体并不完全相同。探矿权以“探”为重心，更多的是探索不确定之事。因此，权利人指向的特定工作区域并不一定存在矿产资源，也就并非必定能够达成获取有价值探矿权资料与资源的目的。简言之，探矿权中的“矿”是有与无的关系，而采矿权中的“矿”是多与少的关系。若作为一项独立的物权，客体

① 崔建远：《准物权研究》（第 2 版），法律出版社 2012 年版，第 241 页。

的特定性为物权的一大特征。[①] 在此意义上，探矿权直接支配的客体实际上应当为特定矿区或工作区内的地下土壤而不包括不确定是否存在的矿产资源。换句话说，探矿权应当是以获取地质资料为目的进行探矿作业而使用特定土地的权利，其构成土地使用的一种类型。值得注意的是，根据《矿产资源法实施细则》第 16 条第 1 款的规定，探矿权行使过程中取得的是临时使用土地权。《土地管理法实施条例》（2021 修正）第 20 条明确规定了临时使用土地期限一般为 2 年，最长不超过 4 年。在此意义下，尽管理论上允许探矿权设定担保但交换价值不高。

就特定水域、以固定渔具采捕的养殖权和捕捞权而言，虽然民法学界通常会将养殖、捕捞的权利归入渔业权之中，但《民法典》并没有使用"渔业权"这一集合概念。《渔业法》上并没有明确使用"养殖权"和"捕捞权"的表述，《民法典》采取"使用水域、滩涂从事养殖、捕捞的权利"的表述。为行文方便，笔者在此简化为"养殖权"与"捕捞权"。作为一项自然资源特许使用权，在没有禁止性规定的前提下，权利是应当被允许设定担保的。但需要探讨的是，"使用水域、滩涂从事养殖、捕捞的权利"在担保时究竟应当被视为一项"水域/滩涂使用权"还是单纯的养殖权/捕捞权？

从学理上看，针对养殖权与捕捞权的客体是否同一的问题有所争议。有学者认为，养殖权与捕捞权的客体是相同的，二者的客体均应为特定水域/滩涂。[②] 但亦有相反的观点认为，二者的客体并不相同。[③] 在自然资源特许使用权视角下，养殖权与捕捞权的权利客体均应当是特定水域/滩涂而不包括渔业资源。就养殖权的客体而言，当前并无较大争议。养殖权虽然涉及水生动植物资源的开发与利用，但此时的水生动植

---

① 参见［日］我妻荣：《日本物权法》，有权亨修订，李宜芬校订，台北，五南图书出版公司 1999 年版，第 10～14 页。

② 参见崔建远：《准物权研究》（第 2 版），法律出版社 2012 年版，第 448 页。

③ 如税兵教授认为，养殖权的客体应当是特定水域，捕捞权的客体是水生动植物资源。参见尹田主编：《中国海域物权制度研究》，中国法制出版社 2004 年版，第 162 页。

物资源并非绝对来自野生环境，通常系由权利人先行投入而后培育所得。此时，若将权利人自有的水生动植物资源认定为养殖权的权利客体，则有悖于用益物权的本质。因此，养殖权的客体应当是特定水域/滩涂。然而在面对捕捞权时，权利的客体便出现了诸多疑问，核心争议便在于水生动植物资源，或者说渔业资源是否能够成为捕捞权的客体。[①] 作为一项自然资源特许使用权，其核心特征之一是对国家所有自然资源的开发与利用。那么，水生动植物资源（渔业资源）是否必然属于国家所有？从我国相关法律来看，除珍贵、濒危水生野生动物资源被规定为国家所有外，其他水生动植物资源并没有像对矿产资源国家所有那样给予明确归属的界定。因此，被认定为自然资源特许使用权的捕捞权之权利客体仍应当是特定水域/滩涂。针对以土地/海域为客体的自然资源特许使用权，应当作为土地/海域使用权的一种类型设定担保。

（2）以土地/海域以外的其他特定自然资源为客体的自然资源特许使用权。这里以取水权为例，狭义而言，即指汲水权、引水权。《取水许可和水资源费征收管理条例》第 27 条规定："依法获得取水权的单位或者个人，通过调整产品和产业结构、改革工艺、节水等措施节约水资源的，在取水许可的有效期和取水限额内，经原审批机关批准，可以依法有偿转让其节约的水资源，并到原审批机关办理取水权变更手续。具体办法由国务院水行政主管部门制定。"简言之，该条明确规定可以有偿转让的是节约后的水资源，而非取水权本身。那么，取水权是否可以当然设定担保并流转呢？取水权作为一项自然资源特许使用权，原则上应当允许设定担保物权。从取水权的客体来看，学界存在不同看法，有水资源说、局部水资源说、一定之水说。虽然取水权的客体存在争议，但各学说之间的共性在于，其客体并不包括特定土地/水域。一方

① 此处的捕捞权指的是定置捕捞权而不包括非定置捕捞权。非定置捕捞权不具备排他性，不具备设定他物权的条件。

面，取水权并不以占有一定水域为必要；另一方面，取水权并不具有绝对的排他性，有时在特定区域的水资源之上可能设立多个取水权。因此，虽然取水权涉及对特定土地/水域的使用，但由于其并不构成对特定土地/水域的排他占有，难以将取水权纳入土地/海域使用权范畴之中。在此前提下，应将此类权利作为一项以水资源为客体的独立权利单独设定担保。

2. 具备二重客体的权利

具备二重客体的权利主要指的是采矿权。这类权利的顺利行使，一方面需要占有使用特定土地/海域，另一方面需要开发利用特定区域内的矿产资源，其客体应为“由特定的矿区或工作区内的地下土壤和其中所赋存的矿产资源组成”。①就具备二重客体的自然资源特许使用权来说，权利人往往需要同时取得以下权利：土地/海域使用权、开采特定矿产资源的权利。因此，在设定担保的过程中，为了避免实践中由于采矿权等权利与土地/海域使用权相互独立分别流转造成的权利无法正常行使的矛盾，②需要对土地/海域使用权以及特定自然资源特许使用权同时设立担保。

（三）自然资源特许使用权担保的设定

自然资源特许使用权是权利人经特许取得的，具有典型排他性地开发、利用国家所有的有限自然资源之权利。同样是针对自然资源特许使用的权利，国有土地使用权担保早已具备明确规范，《民法典》第395条针对海域使用权也明确了其可抵押性。但《民法典》对其所包含的其他自然资源特许使用权能否设定担保的问题却未置可否，尚未被《民

① 参见崔建远：《准物权研究》（第2版），法律出版社2012年版，第241页。

② 如2015年海南某公司竞得临城镇一处采矿权，但在办理手续的过程中该公司发现，矿区土地已被该县国土资源局租给另一家参与竞标但未能中标的企业，采矿权因此被迫中止。载《南国都市报》第11版：http://ngdsb.hinews.cn/html/2016-04/27/content_11_1.htm。

法典》囊括其中的其他自然资源特许使用权的可担保性亦存在疑问。本书认为，在明确自然资源特许使用权物权特征的基础上，在认可自然资源特许使用权可转让性的情形下，应当承认自然资源特许使用权的担保适格性。但在我国“双重权利承认”立法模式下，《民法典》所包含的其他自然资源特许使用权如何与既存的土地/海域使用权作出恰当区分以更好地实现交换价值，值得进一步分情况讨论。由于对自然资源利用方式的不同，以权利客体构成是否具有二重性作为划分标准，可将《民法典》第329条所规定的自然资源特许使用权划分为两种类型：一类是不具备二重客体的权利。其中，以土地/海域为客体的自然资源特许使用权，应当作为土地/海域使用权的一种类型设定担保。而以土地/海域以外的其他特定自然资源为客体的自然资源特许使用权，则应将此类权利作为一项独立权利单独设定担保。另一类是具备二重客体的权利。为了避免因实践中由于特定权利与土地/海域使用权相互独立分别流转造成的权利无法正常行使的矛盾，需要对土地/海域使用权以及特定自然资源特许使用权同时设立担保。

三、行政特许收益权担保物权之设定

（一）行政特许收益权不同于不动产收费权

收费权在实践中形式多样，但立法上更加关注基于政府特许取得的收费权，如特许经营收费权。从文义上看，“收益”与“收费”应当是不同的两个概念，但立法上与实践中将二者混用之现象并不鲜见。《国务院关于收费公路项目贷款担保问题的批复》中首次采用了“收费权质押”的表达方式。中国人民银行等在《农村电网建设与改造工程电费收益权质押贷款管理办法》中采用了收益权质押的说法。而在《国务院关于实施西部大开发若干政策措施的通知》中采用了“收费权或收益权质押”的提法。也就是说，从立法文件来看，主要存在两种模式：一是仅规范收费权或收益权（或将收费权纳入收益权概念之中），二是将收费权与收益权并列规范。

《民法典》第440条关于可出质财产的表述仍以封闭式的兜底条款作为规范，导致行政特许收益权出质问题在法律解释上出现了一定程度的困难。学界对收益权的界定主要为“权利人对将来可能产生的收益享有的请求权”①。正如前文所述，行政特许权是一种综合性权利，行政特许权的财产权属性，尤其是特许经营权的财产属性主要体现在特许经营收益权，而收益权又往往体现在收费权，但收益权中还包含其他财产性权利。例如，根据《收费公路权益转让办法》第3条的规定，收费公路权益包括收费公路的收费权、广告经营权、服务设施经营权。将二者等同视之，可能会让社会产生立法效果上的误判。亦有学者提出，虽然公路、渡口等收费权的债务人不特定，但收费基础法律关系——不动产经营权特定，收费稳定，可以作为出质权利。但各类特许经营权虽然也可产生预期收益，但不具有应收账款性质，不得作为应收账款质押。②

原《担保法司法解释》第97条规定了公路桥梁或渡口等不动产收益权出质。有学者指出，上述不动产收益权属于未来可实现权利，俗称收费权，应当归入收费权担保范畴。③ 依法可转让的收费权即使尚无法律明确规范，原则上应当认可其作为担保标的。但针对收费权担保的规范散落在诸多层级较低的法律文件之中，某些特定事项的收费权由于欠缺应有的法律规范而难以在司法实践中得到认可，也不具有物权效力。

本书认为，收费权只是权利人实现收益权的一种方式，实际上，行政特许权的收益来源更为广泛。原《担保法司法解释》第97条将公路

---

① 全国人大常委会法工委民法室编著：《物权法立法背景与观点全集》，法律出版社2007年版，第623页。

② 参见曹士兵：《中国担保制度与担保方法》（第4版），中国法制出版社2017年版，第369页。

③ 参见曹士兵：《中国担保制度与担保方法》（第4版），中国法制出版社2017年版，第25页。

隧道等特许经营收费权定性为不动产收益权。但就特许经营收益权来说，除了依托于不动产基础设施之上的收费收益外，还应当包含未依附于不动产设施之上的特许经营收益。《国务院关于加强地方政府性债务管理的意见》将“特许经营权、合理定价、财政补贴”作为公益性事业投资者收益的一部分。[①] 当前有地方立法对经营者收益来源也作了相应规定，主要包括：对提供的公共产品和服务收费；市人民政府在授权实施方案中承诺的其他经营权收益和财政补贴。[②] 总的来说，行政特许收益来源主要应当有三方面，分别是经营性收益、补偿性收益与项目转让收益。[③] 那么允许设定质权的收益权是否可包含所有收益来源呢？就经营性收益来看，该问题并无过多争议，主要疑问在于补偿性收益与项目转让收益的可担保性。就特许经营项目转让收益来看，其本质即为特许经营资产的转让价款，不应归入特许经营收益权担保范围之中。就特许经营补偿性收益来看，其主要包含行政主体给予特许权人的财政补贴等收益以及当公共部门基于政策或其他原因终止特许经营协议时向特许权人支付的补偿费用。如若允许特许经营补偿性收益进行质押，便可将补偿金视为一项收益而实现质权，在一定程度上不再需要考虑公共部门的责任性质对质押权人的影响。因此，特许经营收益权担保的设定应当包含经营性收益和补偿性收益。当然，此项担保的设定应当以维持特许权人正常运营为前提。简言之，特许经营收益权的范围要远远大于特许经营收费权。而行政特许收益权的范围不仅包括特许经营收益权，还包括公共资源特许使用收益权。当然，收益权担保物权的设定与浮动抵押具有的相似之处在于，其在一定期间内的财产价值可能是不确定的，在

---

① 《国务院关于加强地方政府性债务管理的意见》（国发〔2014〕43号）。

② 《深圳市公用事业特许经营条例》第22条，深圳市第六届人民代表大会常务委员会公告第200号，2020年7月6日施行。

③ 特许经营项目补偿性收益主要指的是公共部门基于公共政策而对特许经营权人支付的补偿。还有部分特许经营权并不直接向消费者产生关联并直接收取费用，如在环保领域的污水处理特许经营。此类企业的运营需要来自政府财政的补贴，或称为政府采购资金。

交易市场中存在诸多的交易使最终获取的收益并不一定能够在设定担保物权时便被确定。因此，若允许行政特许收益权质押，就需要对收益价值进行专业与客观的评估。

（二）行政特许收益权不同于应收账款

《民法典》第440条和第445条对债权出质问题虽有所涉及，但界定不明。由于目前只有中国人民银行发布的一系列有关登记办法的规范性文件将收益权归入应收账款范畴之中，导致学界就收益权究竟应否归入“应收账款”之中的问题存在不少的争议。[①] 有学者认为，应当将行政特许收益权质押归入应收账款的范畴。[②] 但反对者认为，部分行政特许权被列入应收账款，造成行政特许权的担保等同于行政特许收益权的担保这一假象，本身只是立法上应急之举，理论上并非有其正确性。[③] 还有学者认为，以公路、桥涵的收费权出质，不与质权的本质相抵触，但其不应属于应收账款质权。[④] 实际上，行政特许收益权不同于一般的应收账款之处在于，它是一种将来金钱债权。由于应收账款可以增加债务人的偿债信用，因此越发受到市场交易者的青睐。由于收益权的内涵与外延在立法上并不明确，因此，立法上是否允许所有的收益权归入应收账款之中也有着一定的疑问。从立法上看，原《担保法司法解释》第97条从立法上仅认可了“不动产”收益权。我国《民法典物权编草

---

① 参见崔建远：《关于债权质的思考》，载《法学杂志》2019年第7期；邹海林：《论〈民法典各分编（草案）〉“担保物权”的制度完善——以〈民法典各分编（草案）〉第一编物权为分析对象》，载《比较法研究》2019年第2期；陈本寒：《新类型担保的法律定位》，载《清华法学》2014年第2期。

② 参见王乐兵：《“物权编”与“合同编”体系化视角下的应收账款质押制度重构》，载《法学家》2019年第3期。

③ 参见高圣平：《物权担保新制度新问题理解与适用》，人民法院出版社2013年版，第384页。

④ 参见崔建远：《关于债权质的思考》，载《法学杂志》2019年第7期。持相同观点的学者还认为，债权质如合同、借条等出质，虽然与收费权担保一样，没有法律规定而不能创设物权，但由于权利人占有权利凭证而具有物权特征的对抗力。参见曹士兵：《中国担保制度与担保方法》（第4版），中国法制出版社2017年版，第25页。

案》修改了原《物权法》第223、227条应收账款质押中“应收账款”的概念，改用“取得应收账款等收益的权利”或“取得应收账款、不动产收益的权利”，似乎要构建收益权质押制度。但《民法典》却对《民法典物权编草案》再一次进行修改，在《民法典》第440条第6项中规定为“现有的以及将有的应收账款”，没有再出现“收益权”这一概念。另外，《最高人民法院关于适用〈中华人民共和国民法典〉有关担保制度的解释》（以下简称《〈民法典〉担保制度的解释》）第61条第4款将“基础设施和公用事业项目收益权”纳入应收账款质押范围，《动产和权利担保统一登记办法》进一步细化了“应收账款”之概念，对应收账款范围作了进一步扩充。[①] 这一概念在立法过程中的不断修改，表明我国学界对收益权质押与应收账款质押之间的关系仍存在认识上的争议。

笔者认为，中国人民银行发布的文件中对于将应收账款范围扩充解释容纳收益权的做法存在越权之嫌。根据《立法法》第48条的规定，应当由全国人大常委会行使法律解释权。也就是说，关于“应收账款”概念之解释应当由全国人大常委会作出。虽然在《动产和权利担保统一登记办法》当中，针对行政特许收益权质押登记同样采用声明登记制纳入应收账款质押登记范畴，但我国行政特许收益权“独立式”的质押体系仍然存在，也就在行政特许收益权质押设立与实现当中出现了诸如双重公示、双重担保、质押期限不明等矛盾局面。

① 《动产和权利担保统一登记办法》第3条规定：“本办法所称应收账款是指应收账款债权人因提供一定的货物、服务或设施而获得的要求应收账款债务人付款的权利以及依法享有的其他付款请求权，包括现有的以及将有的金钱债权，但不包括因票据或其他有价证券而产生的付款请求权，以及法律、行政法规禁止转让的付款请求权。本办法所称的应收账款包括下列权利：（一）销售、出租产生的债权，包括销售货物，供应水、电、气、暖，知识产权的许可使用，出租动产或不动产等；（二）提供医疗、教育、旅游等服务或劳务产生的债权；（三）能源、交通运输、水利、环境保护、市政工程等基础设施和公用事业项目收益权；（四）提供贷款或其他信用活动产生的债权；（五）其他以合同为基础的具有金钱给付内容的债权。”

实际上，行政特许收益权不同于应收账款，二者的差异除了收益权义务人不特定以外，还在于基础交易合同关系的差异。应收账款的基础交易合同往往是确定的，但由于债权关系的相对性，应收账款究竟是否是客观有效的，更多地需要依赖债务人提交的证明材料甚至是其自己的承诺，交易合同的真实性往往得不到保证。行政特许收益权尤其是公用事业等领域特许经营收益权，其收益往往是必然发生但却是“浮动”的，其在经营过程中取得收益的合同关系往往面临着相对严格的行政干预，行政干预后产生的义务还会辐射到合同义务人。有学者认为，可以以《民法典》第 388 条“其他具有担保功能的合同”的规定为依据，通过开放性的动产和权利担保登记系统来突破这一“瓶颈”。[①] 本书认为，应收账款质押与行政特许收益权质押存在一定的区别，前者为一类债权，而后者则更多地体现出物权特征；尽管有学者并不赞同将特许经营收益权质押依附于应收账款质押之下，但随着我国应收账款质押立法的日益完善，在实践中将具有可行性和安全性的行政特许收益权纳入应收账款质押规范之下，以保证市场经济的安全有效运转未尝不可，但仍有待法律作进一步的统一与规范。由于行政特许收益权与应收账款之间的矛盾并不是本书所要探讨之重点，故在此不再作深入阐述。简言之，除了可被纳入应收账款质押体系下的行政特许收益权可设定质押权以外，具有财产价值和可让与性的行政特许权基于《民法典》第 395 条应当允许设定抵押权。可见，简单地认为行政特许权仅能设定抵押或单纯设置权利质押都存在一定的疏漏。

（三）可设定担保之行政特许收益权的收益范围

从实践来看，行政特许收益权的范围往往由合同加以约定，主要涉及两类收益：一是政府与行政特许权人之间的“补贴”收益，二是行政特许权人与不特定相对方的经营收益。财政部《政府和社会资本合作

---

① 参见刘保玉：《民法典担保物权制度新规释评》，载《法商研究》2020 年第 5 期。

模式操作指南（试行）》第 11 条第 4 款规定，特许经营项目收益来自使用者付费、可行性缺口补助及政府付费等方式。实际上，行政特许权的财产性主要体现在每年的经营收益、转让收益、补偿收益等，而这些均可纳入行政特许收益权的收益范围。上述收益是否均可设定行政特许收益权担保，有待进一步考量。

1. 经营收益

行政特许的经营收益应当是基于行政特许权有效且正常的经营情况下，行政特许权人可基于其特许权利所获得的相对稳定的收益。经营收益是担保实践中认可度最高的行政特许收益权收益来源之一，在行政特许项目运行良好的情况下，担保物权人能够在债权无法按时得到履行时获得相对稳定的收益补偿。经营收益来源多样，但大致可分为消费者付费模式与政府付费模式。

就消费者付费模式来说，行政特许权主体的收益主要来自产品或服务的市场交易活动，是具备市场属性的民事法律关系。虽然行政特许权具备相当的公益性质，行政主体会对行政特许权主体的市场价格进行干预以防止过度盈利导致的公益性降低，但仍然不影响消费者付费模式下供需双方所形成的等价交换之债权债务关系。在此模式下，实则形成了应收账款之形态，系一种纯粹的私法上的收益，应当允许设定质押。

就政府付费模式来说，政府成为公共产品和服务的购买者，此时的行政特许收益来源实则变为政府采购金。就政府采购关系而言，学理上有民事关系和行政关系之争议，但根据《政府采购法》第 43 条，其将政府与供应商之间的关系视为民事法律关系。虽然政府付费模式下的资金来源于政府部门的专项资金，但其本质上仍然系一种等价有偿的民事交易关系。2011 年，原银监会《关于地方政府融资平台贷款监管有关问题的说明》第 6 条亦明确规定排污费、取暖费等由政府支付的现金流可以作为对外举债的基础。但由于政府付费模式中的资金毕竟来源于政府财政，基于对财政资金安全之考量，建议行政特许权人在基于政府付费项目收益权进行担保时应征得相关行政主体之同意。

但正如前文所述，以经营收益作为可设定担保之收益范围的前提是特许经营项目运行正常。换句话说，如若项目经营出现问题或行政特许权消灭而导致经营收益出现问题时，担保物权人很难实现其在经营收益上所设定的担保物权，此时的经营收益作为担保标的的保障作用很小。①

2. 转让收益

转让收益是指担保物权人在取得担保权利后，通过出让担保权利而取得的现金收益。就转让收益而言，主要包含行政特许收益权转让后的转让收益和行政特许权转让后的转让收益。对于行政特许收益权转让的转让收益问题并无过多争议，需要注意的便是行政特许权转让后的转让收益是否能够纳入转让收益范畴。若将行政特许权转让收益纳入行政特许收益权收益范围，则行政特许收益权担保的实现实则与行政特许权担保的实现具有形式上的一致性。换言之，将转让收益纳入收益权的收益范围可能会导致行政机关对权利担保监管的弱化，在担保权实现时会出现相当的隐患。因此，若将转让收益纳入行政特许收益权的收益范围，需要考虑两个问题：一是行政特许权能否转让；二是能够转让的行政特许权剩余价值多寡。

就行政特许权能否转让而言，需要考虑以下两个条件：一是行政特许权的转让是否具有法律禁止流转的情形、依据性质不得转让或者存在当事人特别约定禁止转让之情形。如若存在上述情况，则行政特许收益权的收益范围不得包含行政特许权转让收益。二是能够转让的行政特许权是否仍在权利有效期内。行政特许权人所享有的权利并非长期存在

① 有学者对担保效果作出了区分，认为补偿效果基于“自收益担保”和“他收益担保”而有所不同。从效果上讲，他收益担保的担保作用更好，但是在我国现有的法律环境中，他收益担保的权利保障条款设立会有较大的难度，且担保权利收益的控制与担保权利执行的难度也会相对较大。

的，而是具有一定年限的，若行政特许权仍处在有效期内，则行政特许权人可将该权利进行转让。

在能够转让的行政特许权中，权利转让的难易程度及转让收益大小影响着担保物权人在实现担保物权时能够得到的补偿，因此，亦需要考虑两个条件：第一，行政特许权转让的成本。行政特许权由于涉及公共利益，在权利转让时会受到较强的政府管控或者较为烦琐的转让手续，有时甚至会因为相关法律的不完善而增大转让难度。因此，若将行政特许权转让收益纳入行政特许收益权受益范围，则须考虑行政特许权转让难度及成本，若难度极高或成本过高导致转让收益有限，则行政特许收益权担保实现时不应强求行政特许权转让。第二，行政特许权剩余年限。行政特许权剩余年限越短，则其所具有的转让价值则越小。有学者认为，若剩余经营期小于 5 年，权利转让的意义基本上不存在。在这种情况下，不宜将行政特许权进行转让，以避免接受权利转让的受让人在较短的经营期内采取急功近利的经营方式损害公共利益。

3. 补偿收益

当行政特许权基于规范变化等原因而消灭时，权利人所获经济补偿应当纳入收益权的收益范围。补偿收益是指当国家法律或相关政策的出台等规范发生变化时，行政特许权人的权利受到政策变动影响而发生不利变动时，由行政机关作出的经济补偿。另外，对于不可抗力情形约定比较模糊，也同样会给政府提前中止授权提供机会，并造成行政特许权人乃至担保物权人的利益损失。由于行政特许权的设立往往需要权利人先期进行大量的投入，因此，行政特许权的稳定性对于权利人而言十分重要。而能够约束政府行为的可能因素主要系对权利人的经济补偿，如果经济补偿数额对政府的影响力较大，则政府政策变动的可能性就会减小，权利人失去经营收益的可能性就会降低，担保作用则会越大。

第三章　行政特许权担保的公示方式及其效力

第一节　行政特许权担保公示方式之择定

一、行政特许权担保公示方式尚不明确

基于前文所述，行政特许权包含两种形式：一种是与土地、海洋等不动产资源密切联系的行政特许权；另一种是与不动产使用无直接关联的行政特许权，如服务提供类的特许经营权。从我国担保物权的设定来看，不动产担保物权的设立总体以登记为公示方式；但权利担保的公示方式却出现了不同，公示方式由以交付占有方式为主逐渐向登记方式转移。在行政特许权担保物权公示方面，由于行政特许权立法上的分散性，公示机关的择定方面出现了诸多的不同；又由于行政特许权多涉及公共利益，因此在登记审查过程中大多会效仿不动产登记制度进行实质审查，在一定程度上限制了企业融资担保效率。另外，就行政特许收益权质押登记来看，《动产和权利担保统一登记办法》规定了质权人（或其委托人）在网上实行自助登记，登记机关对登记材料的真实性审查义务大大降低。虽然损耗了部分公信力，但质押效率大大上升。[①] 在实践中如何对形式多样的行政特许权担保进行有效公示，降低公示成本并提

---

① 《联合国国际贸易法委员会担保交易示范法》采取的是担保物权声明登录制度，这与我国目前实施的制度相似。

高融资效率，这是需要考量的重点问题。从《担保法》到《物权法》，我国担保物权制度总体上采取的是多元化的立法模式。在此种模式下，由于对意定担保物权个性的关注，在一定程度上导致制度之间的重复与矛盾。从《民法典》的规范来看，其并未明确规范动产抵押和权利质押的登记机构，这并非立法疏漏之处，而是为建立统一的动产与权利担保物权设立的公示平台提供了机会。从我国原《物权法》担保物权设定实质上的“一元化”到《民法典》对动产（权利）担保物权公示方式与公示机关的留白再到《动产和权利担保统一登记办法》规定的登记范围可以看出，在除去法律明确规定的某些权利质押需要采取的交付权利凭证等方式作为公示手段，其他可被担保的权利实质上均可被纳入担保登记公示范畴。那么行政特许权担保是否可以被当然地纳入权利担保登记的范畴，行政特许权担保登记效力应当是什么等问题都需要进一步的探讨与思考。

二、动产/权利担保登记与不动产担保登记存在联系

（一）动产/权利与不动产之间可能相互转换

以矿业权为例，矿产资源与矿产品会随着开采时间的推移、矿产用途的变化而在性质上加以转换。这一类特殊权利的存在表明动产/权利与不动产之间是存在关联的，关于它们的登记也就并非泾渭分明的。例如，行政特许权人以其所有的采矿权设定担保并进行了登记，那么采矿权担保的估值包含了埋藏在矿业区的尚未被开发的矿产资源的价值。之后，待部分矿产资源开发变为矿产品这一动产后，还可能再次被权利人进行担保融资。因此，如果动产/权利担保登记与不动产担保登记之间无法进行顺利沟通，或者无法进行数据库互通，那么同一资产上的不同担保物权人可能会出现权利冲突，在担保物权实现时发生争议。

（二）动产/权利担保登记与不动产担保登记会相互影响

根据《民法典》合同编第547条的规定，[①] 债权转让之后，债权的从权利同时附随债权移转，且由于此类转让属于非基于法律行为的转让而无须变更登记。于行政特许权而言，登记于动产/权利担保系统中的行政特许权担保随主债权移转后，行政特许权担保无须履行转移登记手续而对受让人发生担保效力。但行政特许项目中往往包含了大量基础设施等不动产，不动产登记则要求“连续登记”。在行政特许权担保中，如果不在动产/权利担保登记和不动产担保登记之间设置相应的关联机制，则会对于行政特许项目中其他担保物权人的担保物权的设定与实现带来一定冲击。

三、行政特许权担保之公示方式

（一）行政特许权担保应以登记为公示方式

基于本书观点，行政特许收益权不能设定抵押权，因此，此处主要探讨的是行政特许权抵押之公示方式。从我国当前立法来看，由于行政特许权自身界定不明，只能针对行政特许权项下特定权利进行专门性立法，因此有关行政特许权担保物权之登记方式及效力的规定并不十分明确。有学者认为，担保物权的公示方式应当进行以下思考：首先区分物权性质的担保和债权性质的担保。前者的公示方式应与权利流转时的公示方式保持一致，后者则无须进行公示。[②] 从域外立法来看，《德国民法典》第1274条和《瑞士民法典》第900条等有相似规定。本书认为，作为不可转移占有的行政特许权，理应以登记作为其公示方式。主要原因在于，抵押权登记在公法上本就具有一定的管理功能；从民法角度

① 《民法典》第547条规定：“债权人转让债权的，受让人取得与债权有关的从权利，但是该从权利专属于债权人自身的除外。受让人取得从权利不因该从权利未办理转移登记手续或者未转移占有而受到影响。”

② 参见陈本寒：《新类型担保的法律定位》，载《清华法学》2014年第2期。

看，其主要在于公示权属状态。通过对行政特许权担保物权的登记，能够明确担保物权设立的具体内容。另外，从立法的体系性上来看，行政特许权抵押权设定的公示方式原则上应与不动产抵押公示方式采取相同做法以实现制度上的统一。

（二）行政特许收益权质押公示方式的特殊性

针对权利质权标的是否可以设定担保物权的问题，除前文所涉及的财产性与可转让性外，有学者提出还需要具有可公示性。[①] 从《民法典》的规定来看，权利质押公示主要分为两类：交付权利凭证与登记。以登记作为公示的权利又可分为两类：无权利凭证可交付之权利与虽有权利凭证但需要国家介入管理之权利。从我国特许经营权的担保来看，当前存在不同的处理方式。《动产和权利担保统一登记办法》将部分特许经营（收益）权纳入应收账款范围之中，并明确中国人民银行征信中心作为唯一登记机构。但是在地方立法中出现了不同的规定，在司法实践中也出现了不同的做法。简而言之，在尚未将特许经营收益权归属于应收账款时，特许经营收益权质押公示的主体与公示的方式多样（包括登记、备案、交付权利凭证等）。

虽然特许经营（收益）权担保逐渐得到金融机构之认可，但一方面，实践中特许经营权与特许经营收益权的混用造成制度适用上的混淆；另一方面，立法尚未对此类新型权利担保设定明确的公示方式与公示机关。如此，在实践中具有差异性的公示手段造成了司法处理上的混乱。另外，由于《动产和权利担保统一登记办法》的法律位阶不高，究竟应当如何对特许经营收益权质押乃至对行政特许收益权质押进行公示存在相当程度的混淆。在我国目前立法框架下，权利质权设立以交付权利凭证为主要的公示方式，但行政特许收益权质押的公示方式应审慎对待权利凭证的交付。尤其就特许经营权证所表征的权利来看，特许经营权证

---

① 参见陈本寒：《新类型担保的法律定位》，载《清华法学》2014 年第 2 期。

不仅承载着一种财产权利，也附着身份资格。本书认为，在将行政特许收益权纳入应收账款质押框架的情形之下，应择登记作为其公示方式。

第二节　行政特许权担保登记效力之择定

一、行政特许权担保物权登记不同于行政备案登记

在前文确定了行政特许权担保物权以登记为公示方式之后，需要继续探讨行政特许权登记的效力问题。由于我国当前立法针对各类具体行政特许权的规范之间存在差异，因此有关于行政特许权担保物权之登记效力的规定也就并不十分明确。从抵押权的设定来看，原则上我国针对动产抵押采取登记对抗主义，对不动产抵押采取登记生效主义。但就我国公共资源特许使用权担保登记来看，我国当前针对公共资源特许使用权担保登记效力并不十分统一与明确，不同公共资源特许使用权担保登记效力规则存在差异。例如，虽然《最高人民法院关于审理矿业权纠纷案件适用法律若干问题的解释》中确认了矿业权担保的登记属设权登记，自然资源部门对矿业权抵押登记的备案行为视同登记行为①，但我国当前针对矿业权抵押登记原则上仍然采取的是登记备案制度。再如，《渔业法》《水法》等法律并未明确诸如捕捞权、取水权等权利在抵押登记过程中应当采取何种效力。那么，针对公共资源特许使用权抵押是否应当参照矿业权采取抵押登记备案制度呢？

实际上，矿业权抵押登记备案效果并不十分良好。一方面，由于我国行政备案制度在行政法上内涵不明、界限不清，可归纳为确认型、告

---

① 《最高人民法院关于审理矿业权纠纷案件适用法律若干问题的解释》（法释〔2020〕17号）第15条规定：“当事人请求确认矿业权之抵押权自依法登记时设立的，人民法院应予支持。颁发矿产资源勘查许可证或者采矿许可证的自然资源主管部门根据相关规定办理的矿业权抵押备案手续，视为前款规定的登记。”

知型、监督型和许可型四种类型，在某些情形下与权属登记等情形混用且效力不清。虽然无论是管理登记还是权利登记，均由行政机关主导行使，但二者之间的登记程序和职责是具有差异的。① 另一方面，由于登记备案是一项行政管理手段，其更多的是对特许权担保“处分”问题的公法管制而非物权法上权利行使的保护与公示。因此，从实践中矿业权抵押登记总体来看，探矿权没有办理抵押备案，采矿权抵押备案申请数量也较少。② 但从另一角度来看，正是特许权担保权属登记制度的缺失造成登记备案制度成为实践中不得已之选择。同时，从现实层面来看，矿业权抵押登记备案并非抵押权（物权）设立的必备条件。某些矿业权人在向非银行金融机构抵押融资时，在未被核准抵押登记备案情形之下仍然能够获得抵押融资。由此导致的问题便是包括矿业权在内的其他行政特许权抵押登记备案率不高而市场风险增大。因此，行政特许权担保采取登记备案制度并非适当方式。

从实践来看，由于行政特许权尤其是公共资源特许使用权的商业风险较大，仅靠行政机关的登记备案并不能当然地规避风险反而使行政主管部门还要分担相应的风险责任。也正由于行政主管部门需要对公共资源特许使用权的担保进行审查，因此，行政特许权担保物权是否可以稳妥实现，能否满足相关群体的需求成为其需要考虑的问题。如若特定行政特许权无法顺利完成交换价值的实现，由于缺乏明确统一的规范，主管部门是否应当承担责任以及如何承担责任成为较大的风险，继而造成了行政特许权设定担保物权效率相对较低。应当说，担保物权的设定并不一定会必然实现权利的流转，因此，行政部门为了控制风险在对行政特许权担保物权设定进行审查时，可以分为两个

---

① 参见龙卫球：《不动产登记性质及其纠纷处理机制问题研究——兼评〈物权法司法解释（一）〉第1条》，载《法律科学（西北政法大学学报）》2017年第1期。

② 参见范振林：《矿业权抵押备案制度改革建议》，载《矿产保护与利用》2015年第4期。

阶段。在担保物权设定时以形式审查为主、实质审查为辅，降低行政机关与行政特许权抵押风险的捆绑度；在担保物权实现时对受让人等特定条件进行实质审查。因此，虽然目前并不能直接否定特定行政特许权抵押登记备案制度的存在，但可以通过出台过渡性政策，在完善程序规则之后逐渐将行政特许权抵押从备案登记制度逐渐过渡到抵押权属登记制度。

二、行政特许权担保应采登记生效主义

（一）行政特许权抵押之登记生效主义

从抵押权的设定来看，原则上我国针对动产抵押采取登记对抗主义，对不动产抵押采取登记生效主义。那么，公共资源特许使用权抵押登记之效力应采何种效力模式？在《民法典》颁布之前，学者们针对海域使用权抵押登记效力问题产生过诸多争议。2006 年国家海洋局印发的《海域使用权登记办法》（已失效）第 11 条规定抵押海域使用权的当事人应当办理抵押登记，但并未说明此处的登记究竟是一种公示方式还是一种行政备案；如若是公示方式，采取的是登记生效主义还是登记对抗主义尚不明确。由于原《物权法》第 180 条关于抵押财产范围的规定当中并没有海域使用权，因此，第 187～189 条对抵押权作出的公示方法与公示效力的规定并不能当然适用于海域使用权抵押登记。《民法典》虽然调整了原《物权法》担保财产的范围，但对行政特许权担保物权的公示方式和效力并没有作出更进一步的明确与规制。《民法典》第 395 条明确规定了“海域使用权”可作为抵押之财产，并于第 402 条明确认可了海域使用权抵押采登记生效主义。但作为尚未被《民法典》所纳入的其他自然资源特许使用权以及公共资源特许使用权抵押应采何种公示效力并没有加以说明。换句话说，从我国当前立法来看，关于行政特许权抵押登记效力并不统一。本书认为，基于民法担保物权登记之体系性，应当对行政特许权抵押统一采登记生效主义。一方面，

采取登记生效主义能够在一定程度上维护公共利益；另一方面，采取登记生效主义能够在一定程度上降低当事人尤其是抵押权人之风险，减少权益冲突的可能性。具体来说：

1. 行政特许权抵押采登记生效主义符合民事立法导向

在《民法典》颁布之后，海域使用权抵押采登记生效主义已成为不争的事实。针对其他自然资源特许使用权以及公共资源特许使用权抵押权登记效力问题，采取登记生效主义一方面能够与海域使用权抵押登记形成形式上的统一，另一方面也是参照适用海域使用权抵押登记效力规则以及《民法典》物权编相关规则的实质结果。

2. 行政特许权抵押采登记生效主义有利于维护公共利益

如若允许行政特许权抵押采取登记对抗主义，这就意味着行政特许权人作为抵押人与抵押权人之间的抵押合同生效时抵押权即生效而无须进行登记公示。可能出现的一个结果就是，在行政特许权人行使权利的过程中自始没有公示特许权上的抵押权。这种结果在其他权利抵押过程中似乎并不会产生过多不利结果，但由于行政特许权通常会涉及公共利益与社会利益，其在设定抵押担保的过程中需要行政机关的监督与管理。登记生效主义具有“强迫登记”之制度保障，在面对行政特许担保物权设定问题时当事人必须办理登记，保障其正常运转。如若采登记对抗主义，可能会导致抵押权的设立与实现脱离行政机关的监管，继而可能造成公共资源利用效率的低下等问题。

3. 行政特许权抵押采登记生效主义有利于维护交易安全

行政特许权的特殊性在于，其流转是需要行政机关的审查与批准的，抵押权的实现必然也与行政特许权的再次流转相类似，其中当然离不开行政机关的参与。由于目前有部分行政特许权抵押合同的订立并没有要求行政机关先行审查，在订立抵押合同时可能存在违规抵押问题的出现。如若采取抵押权登记对抗主义，那么在抵押权实现过程中行政机关会基于违反公法规范而影响抵押权实现的进程，继而不利于抵押权人以及利益相关者民事利益的实现。因此，采取登记生效主义，即在抵押权设立之前让行政机关先行审查后再设立抵押权，有利于避免交易过程中的冲突与矛盾。

（二）行政特许收益权质押登记生效主义之特殊性

当特许经营收益权设立质押后，如何进行公示亦有不同做法。虽然与财产抵押的功能相同，但与不动产相分离的权利原则上应设定质押，故本书不再对该问题进行进一步探讨。当前需要着重考虑的问题在于，针对行政特许收益权质押是否可以设立登记对抗制度呢？

行政特许收益权担保物权设定的特殊性在于，行政特许收益权作为一项财产权利，在没有禁止性规定的情况下，若基于《民法典》第399条最后一项“法律、行政法规规定不得抵押的其他财产”的规定，那么行政特许收益权应当属于未被禁止抵押的财产权利之一，原则上应当采取的是抵押登记对抗主义。那么，行政特许收益权担保是否当然地应当采取登记对抗主义效力呢？有观点认为，若以行政特许收益权出质，当事人应当签订书面合同并向有关部门进行质押登记，但并未说明质押登记之效力。[①]《民法典》保留了原《物权法》对担保财产作概括描述的规范，推动电子化登记系统，实行“声明登记制”，其功能类似“备案”。有学者认为，结合比较法上的趋势和登记对抗主义的法理基础，统一动产融资公示系统应当是以声明登记制为构建基础。[②] 有观点认为，未经公示的动产抵押权具有抵押权的优先受偿效力，在一定范围内也可对抗第三人，因此，动产担保坚持公示对抗主义模式具有制度合理性。[③] 但亦有学者提出不同的观点，认为行政特许（收益权）担保应当

---

① 参见方印、魏维：《PPP特许经营项目收益权质押若干问题探究——以（2012）榕民初字第661号判决为素材》，载《贵州警官职业学院学报》2018年第1期。

② 参见高圣平：《动产担保交易的功能主义与形式主义——中国〈民法典〉的处理模式及其影响》，载《国外社会科学》2020年第4期。

③ 参见杨善长：《民法典编纂背景下动产抵押登记对抗规则的解释和完善》，载《山东社会科学》2020年第1期。

采取登记生效主义。[①] 主要原因在于特许经营权强烈的行政属性、所涉及的公益性以及权利担保的公示性。本书认为，虽然行政特许权是一项特殊的权利，我们更倾向于强调国家监管与宏观调控，采用登记生效主义似乎更能让人形成足够的安全感。若采取登记对抗制度，由于此制度项下的公示并非必然，特许经营收益质押在很多情况下便可能失去监管继而危及特许经营权本身。但一方面，尽管行政特许权担保与行政特许收益权担保均会涉及国家利益与社会利益，但其最终实现的结果并不完全一致，后者的实现并不一定会导致行政特许权经营主体的变化。另一方面，登记生效主义模式下对行政主体信息审查义务的真实性要求更高。在登记对抗主义模式中实行声明登记制[②]，行政机关并不需要保证材料的真实性，登记的目的仅在于警示权利负担的存在。实际上，不动产以外的权利担保设置公示的核心意图之一在于让第三人明确权利上之负担及优先顺位，而非作为担保物权设立之生效要件。在此限定之下，登记机关并不需要了解并审查交易相对人之间所形成的交易文件，对于权利担保过程中可能出现的风险应在一定程度上交由市场判定。采取登记对抗主义或声明登记制不仅会极大地提高融资效率，还会降低行政主管部门对行政特许权担保的审查风险。简言之，本书认为，应当将行政特许经营权作为一项例外，允许行政特许收益权进行质押并采取登记对抗效力。

但正如前文所述，我国现行做法是将部分行政特许收益权质押归入应收账款质押之中，就此，其公示效力应当与应收账款质押公示效力保持一致，即采登记生效主义。当然，就应收账款质押的公示方式究竟应当采取何种方式与效力，学界亦存在诸多争议。例如，虽然应收账款质

---

① 参见陈志辉、王蕙心：《特许经营权担保的法律定位——兼论〈物权法〉第223条之重构》，载《上海商学院学报》2018年第3期。

② 参见高圣平：《统一动产融资登记公示制度的建构》，载《环球法律评论》2017年第6期。

押采取登记生效主义，但与应收账款质押相似的应收账款保理则采登记对抗主义，二者之间登记效力之区分意义何在？在此争议下行政特许收益权质押究竟是否应当采登记生效主义似乎存有疑问。由于应收账款质押与应收账款保理二者间的关系并非本书所关注的重点，故在此不再作更多论述。本书认为，基于行政特许权担保物权登记之体系性，在应收账款质押框架下采登记生效主义未尝不可，但应注意对行政特许收益权质押设定过程中的效率。从传统的担保登记来看，登记机关需要根据当事人的担保合同内容对相关情况作出尽可能完整的记载，不可否认，此种严谨的登记规则带来的强大公信力，但就权利担保来说却变成了一种阻碍。从针对行政特许权担保物权的设定来说，应当确保与不动产担保物权登记生效主义相契合，确保公示的公信力。而针对特许经营收益权以及行政特许收益权担保物权的公示来说，虽然原则上应采取登记生效主义，但依托当下动产/权利担保统一登记平台有利于提高担保效率。在此特定情形之下，虽然登记后登记簿所记载的权利具有推定力，但这种推定力仅及于权利而不及于事实。

三、行政特许权担保未经公示时的效力认定

《民法典》在功能主义观念的指引下增加了动产和权利担保的公示要求，但《民法典》作出的修改主要针对的是具有担保效力的“实质担保”类型，如所有权保留与融资租赁等担保关系。回到本书所研究的内容，《民法典》就某些可担保标的如何公示以及公示之效力并无统一规范，仍需其他法律规范加以明确。因此，行政特许权担保公示可能出现两种不符合法定要求的情况：一种是法律明确规定了担保公示方式但权利人采取的公示方式与法定公示方式不符，如应当进行登记的行政特许权担保仅交付了权利凭证；另一种是法律没有明确规定应采取何种方式作为公示方式，如某种特定担保标的由于未被列明而无法由登记机关登记，此时应当如何认定行政特许权担保效力？有观点认为，针对特定

权利担保的设定若未进行应有的公示，则应当认为权利担保物权不成立，因为公示方式法定是物权法定原则的重要内容之一。[①] 2019 年《全国法院民商事审判工作委会议纪要》针对后一种情况提出，人民法院应当依法支持当事人按照担保合同约定就特定财产折价、变卖或者拍卖以清偿债务，但对其他权利人不具有对抗效力和优先性。[②] 本书认为，该观点有待商榷，实则应分情况予以讨论。一方面，以交付权利凭证和登记作为担保物权生效要件的行政特许权项下需要考虑担保物权是否设立的问题；而在公示对抗效力之下，是否公示并不影响行政特许权担保物权的设立。另一方面，在以公示作为担保物权生效要件的情形之下，虽然未经公示不发生物权效力，但我们不可忽视行政特许权担保合同之效力。

（一）登记生效主义下行政特许权担保未为登记之效力

经登记设立后的担保物权相比已生效的担保合同，除了物债之间关于权利性质和权利客体的不同外，担保物权设立最主要的特征在于：担保物权人享有优先受偿权以及担保物权价值恢复请求权等权利。若特定财产的担保物权因没有登记而未设立，也就不产生上述担保物权效力；又由于立法上缺少有关担保合同的效力性规定，如何处理担保合同当事人之间的纠纷确有疑问。在最高人民法院（2015）民申字第 2354 号判决中，法官认为，为了维护债权人的利益而应当对无效行为进行转换。本书认为，除法律另有规定外，登记并非担保合同生效要件。以登记为生效要件的行政特许权担保物权未为登记时，担保合同成立即生效，但担保物权未设立。担保物权未设立情况下不能适用无效行为转换制度，不能将保证作为替代行为用以解决纠纷。因债权人原因（包括担保合同当事人一致同意情形）未办理担保物权

---

① 参见陈本寒：《新类型担保的法律定位》，载《清华法学》2014 年第 2 期。

② 参见最高人民法院民事审判第二庭编著：《〈全国法院民商事审判工作会议纪要〉理解与适用》，人民法院出版社 2019 年版，第 27 页。

登记的，债权人不能向“担保物权人”主张违约责任，仅能基于有效担保合同主张权利。

1. 基于有效的行政特许权担保合同而产生的合同权利应当受到保护

若仅从合同解释路径来看，依据目的解释原则以当事人目的为依据，对于合同应尽量做有效解释，即对合同的解释要以最大限度地促进合同的成立为解释方向。[①] 在担保未办理登记的情况下，担保人在担保合同中通常已经做出以特定担保物为涉案债权实现提供担保的明确意思表示，未办理担保登记之事实并不导致该意思表示的消灭，担保人仍应就担保合同项下的相关约定承担合同义务与责任。那么，在担保物权未设立的情况下，债权人应当如何实现债权？可否基于有效的担保合同直接主张合同上的权利？对此，可以区别以下情形讨论：

（1）担保物权未设立下当事人签订的担保合同不能当然地形成非典型担保关系。目前，大多数思路是企图为有效的担保合同正名，将“担保合同”中当事人约定的“担保物权”划归到担保制度中去，继而最终解决纠纷。虽然从客观形式来看，行政特许权抵押未登记时可以视为当事人设立合同债权来担保某一债权的实现，但从实质上来看，当事人签订担保合同的主要目的是设定有效的担保物权，以特定财产来担保债权的实现，而非以担保合同债权来担保主债权的实现。若将行政特许权抵押合同作为债权担保，会使不动产抵押登记变得可有可无。[②] 因此，当担保物权未设定的情形下，不应当将此视为一种非典型担保合意，也就不能形成一种非典型担保关系。另外，就非典型担保关系而言，通常只有在法官通过判例确认之后才能逐步确立非典型担保的担保

① 参见王利明：《合同法研究》（第1卷）（第3版），中国人民大学出版社2015年版，第461~462页。

② 参见冉克平：《论未登记不动产抵押合同的效力》，载《法律科学（西北政法大学学报）》2020年第1期。

物权地位①，而不能轻易将某一具有担保特征但未被法律承认的当事人合意认定是一种非典型担保，否则将导致我国民法上担保关系的泛化，破坏现有担保物权体系。退一步说，即使此种情形可以构成非典型担保，当事人之间应当受到怎样的保护与规制仍然存疑，无法对此类纠纷予以适当的解决。

（2）债权人可基于行政特许权担保合同要求对方履行合同责任。可以肯定的是，在行政特许权担保物权未登记情形下，当主债务无法履行时，"担保物权人"不享有优先受偿权，但其仍享有合同权利。权利人可以基于有效的合同向担保合同债务人主张权利，此时尚不涉及担保合同的违约责任问题而是合同义务的履行问题。从现行法规定来看，尚缺乏针对担保合同有关的效力性规定，担保合同债权人除了享有登记请求权以外，是否还享有其他请求权？当主债务人不履行债务时，担保合同中的债权人能否基于担保合同主张特定财产的变价权？对此，本书持肯定态度。主要理由在于：第一，如果能够通过担保合同判明当事人设定担保的目的，担保物权人基于担保合同向对方主张履行担保责任就存在正当性基础，依法成立的合同就应当具有法律效力。第二，虽然担保合同与担保物权一个是债权关系，一个是物权关系，但担保物权的设定主要是赋予设定担保的债权人以优先于其他普通债权人的优先受偿权。当事人双方的意思表示是赋予合同以法律拘束力的根本力量，因此，只要不属于法律、行政法规明令禁止的无效合同行为，合同作为当事人双方真实意思表示这一事实本身，就足以证成其作为债权发生根据的正当性。② 第三，由于担保合同并非《民法典》上的典型合同，现行法未对担保合同作出明确的效力性规定，其效力认定可以参照《民法典》合

---

① 参见梁慧星：《日本现代担保法制及其对我国制定担保法的启示》，载梁慧星主编：《民商法论丛》第3卷，法律出版社1995年版，第180页。

② 参见孙学致：《契约的正义——读〈法律、立法与自由〉札记》，载《法制与社会发展》2006年第4期。

同编或者其他法律最相类似的规定；而与抵押合同最相类似的合同为保证合同，因此，可以参照最相类似的保证合同的有关规定来实现债权人的利益。

2. 基于登记义务未履行的责任承担

以登记为生效要件的行政特许权担保中，作为法定义务的登记行为若未得到履行，担保合同当事人当然应当承担相应责任，但应注意区分登记之原因。

（1）因行政特许权人原因未办理担保登记的，抵押人应承担违约责任，其责任形式包括继续履行或者赔偿损失。

就违约责任来说，有观点认为，当抵押人违约未办理抵押登记时，登记请求权和抵押合同上的担保请求权，债权人可择一行使。[①] 本书认为，此处应当分清抵押合同义务的履行和违约责任下作为“补救方式”的继续履行。抵押合同本质就是合同之债，债的主要内容是产生登记请求权。[②] 因此，债权人可以要求继续办理抵押登记。无论合同是否约定以登记作为合同的生效要件，抵押权人均有权要求抵押人协助其办理登记以实现抵押权的最终设立。这与前文抵押权人要求抵押人履行合同上“担保义务”是不同的。前者是抵押人按照合同的约定履行的第一性义务，后者则是在抵押合同履行期到来后债务人依旧没有履行时产生的第二性义务。

在抵押人违约的情况下，债权人可以直接向抵押人主张赔偿责任。最高人民法院民二庭第 7 次法官会议纪要提出：“如抵押人依约负有办理抵押登记的义务，但因抵押物灭失或转让而不能办理抵押登记的，抵押人应承担相应的违约责任，以抵押物的价值为限赔偿债权人履行利益

---

① 参见刘延杰、王明华：《未办理抵押权登记时抵押人应承担何种责任》，载《人民司法》2013 年第 3 期。

② 参见杨洁、李洁：《不动产的抵押登记与抵押合同之关系——简评〈担保法〉第 41 条》，载《现代法学》2002 年第 6 期。

的损失。”最新发布的《〈民法典〉担保制度的解释》第46条明确了不动产抵押未经登记的处理方式。[①] 本书认为，违约损害赔偿应当是填补受害人在合同完全履行情况下应该获得而未获得的利益。因抵押合同债务人违约而使债权人遭受损害时，其赔偿范围包括：债权人可以基于抵押权获得主债权（主债务人无法清偿部分）及其利息、违约金和实现担保物权的费用。但需强调的是，这种赔偿的范围应当以抵押物的价值为限。

（2）因债权人原因未办理抵押权登记的，其中包括基于双方一致同意不办理抵押登记和债权人（抵押权人）怠于履行登记手续两种情形。此时，行政特许权人不应再承担违约责任，债权人仅享有抵押合同上的债权权利。在双方一致同意不办理抵押登记的情况下，有学者提出，此时可以视为双方形成了非典型担保方式的合意，将以设定法定抵押权为目的的合同变更为抵押人向债权人提供一种新型担保义务的合同。因此，当主债务人不能清偿债务时以抵押物为限承担类似保证的担保责任。[②] 还有学者认为，若双方均未办理抵押登记，均构成违约，应当承担同等违约责任。因此，抵押人在合同约定的财产价值的一半范围内承担赔偿责任。[③] 本书认为，双方形成的“不办理抵押登记”的合意，应当系对原抵押合同的补充约定，意味着“抵押人”不再需要协助“抵押权人”进行抵押权登记。当事人一致同意不办理抵押登记，实际上是约定排除了当事人登记的义务，属于意思自治的范畴，无违约行为，亦无违约责任的产生。在抵押权人怠于履行抵押登记手续的情形

---

① 《〈民法典〉担保制度的解释》第46条第2款规定：“抵押财产因不可归责于抵押人自身的原因灭失或者被征收等导致不能办理抵押登记，债权人请求抵押人在约定的担保范围内承担责任的，人民法院不予支持；但抵押人已获得保险金、赔偿金或者补偿金等，债权人请求抵押人在其所获金额范围内承担赔偿责任的，人民法院依法予以支持。”

② 参见范小华：《未办抵押登记的不动产抵押合同中抵押人责任研究》，载《法律适用》2015年第4期。

③ 参见刘振会：《签订土地使用权抵押合同不办理抵押登记的责任性质及承担》，载《人民司法（案例）》2017年第20期。

下，有学者认为，抵押权人不配合办理登记，抵押人并无损失，也无针对抵押权人的独立诉权，抵押权人对登记的配合应当属于一种不真正义务。在此情况下，抵押人构成违约，抵押权人系迟延受领，可减轻或免除抵押人的责任。[①] 本书认为，抵押权人怠于配合抵押人共同履行抵押登记义务，抵押登记不能完成的原因并非由于抵押人违约，而在于抵押权人主动放弃了法律赋予的登记请求权以及可基于登记而后取得的物权请求权。债权人主张实现合同权利时，债权人仅能要求债务人承担抵押合同上的责任，而不能行使因未登记而造成的损害赔偿请求权。

（二）登记对抗主义下行政特许权担保未为登记之效力

虽然本书认为行政特许权担保应采登记生效主义，但由于行政特许权担保尚处在探索阶段，不排除立法对某些特定的行政特许权担保物权采取登记对抗效力。在采取登记对抗效力的行政特许权担保未为登记时应当如何认定其效力，如排污权担保登记问题。从质押财产的交付方式来看，《民法典》第427条对原《物权法》的规定作出了一定的修改，允许当事人约定质押财产的交付方式，对质押财产的交付方式作出了扩大的规范，这似乎是对实践中“动态质押”法律上的肯认。[②] 动态质押的主要表现形式在于，质押财产并不由质权人直接占有，而是委托第三方对质押财产/权利进行管领。我国国家标准化管理委员会于2014年发布了《担保存货第三方管理规范》的国家标准，明确了第三方管理应当具备的条件、要求、管理规范等内容。但需要强调的是，标准中的担保存货仅适用于动产担保而无关其他。因此，是否所有实现了约定交付方式的采取登记对抗主义的行政特许权担保均无法对抗第三人，不无疑问。本书认为，虽然我国立法从原则上明确了担保登记的界限，但登记

---

① 参见刘振会：《签订土地使用权抵押合同不办理抵押登记的责任性质及承担》，载《人民司法（案例）》2017年第20期。

② 《民法典》第427条规定：“设立质权，当事人应当采用书面形式订立质押合同。质押合同一般包括下列条款：……（五）质押财产交付的时间、方式。”

机关并不一定能够完全满足出现的新型财产权利。另外，动产（权利）担保虽然原则上采取登记对抗主义，但是否所有的财产性权利都可以顺利得到抵押登记有时确实成为棘手难题。由于前文已经明确了应当认定行政特许权的可担保性，那么此时需要考虑的重点问题便落在了未登记行政特许权担保是否能够对抗第三人以及可对抗第三人之范围。就采登记对抗效力的行政特许权担保物权未经登记的效力如何，我国司法裁判中有观点认为，抵押权未经登记则无法优先受偿。① 抵押权已因合同生效而设立，未登记并不影响抵押权人的优先受偿权，能够对抗无担保债权人，仅在于不能对抗善意第三人。换句话说，在传统物债二分项下已出现了具有对抗特定第三人而非全部第三人效力的物权，由此，未登记的动产担保权具有相对性的物权地位。② 在此情境之下，可对抗第三人的范围就成为需要探讨的核心问题。

对此问题，学界仍有诸多观点。有学者提出，不得对抗的第三人应当指的是对同一标的物享有物权之人，不包含债务人的一般债权人。③ 有学者认为，未经登记不得对抗所有第三人，包括享有一般债权的第三人。④ 有学者认为，不得对抗的第三人应当限于“取得某种物的支配关系的主体”，无论是债权人还是物权人。⑤ 还有学者认为，不得对抗的

---

① 福建祥胜物流有限公司与杨德广企业借贷纠纷上诉案，福建省福州市中级人民法院（2017）闽01民终2265号民事判决书。

② 参见张双根：《论股权让与的意思主义构成》，载《中外法学》2019年第6期。

③ 参见王泽鉴：《民法学说与判例研究：重排合订本》，北京大学出版社2015年版，第1481页。持相似观点的司法案例，可参见黄剑锋与浙江中力节能玻璃制造有限公司抵押合同纠纷上诉案，浙江省杭州市中级人民法院（2014）浙杭商终字第2307号民事判决书。

④ 参见李国光等：《最高人民法院〈关于适用中华人民共和国担保法若干问题的解释〉理解与适用》，吉林人民出版社2000年版，第226页。司法案例参见张之伟与任国松等案外人执行异议之诉上诉案，江苏省徐州市中级人民法院（2015）徐民终字第03066号民事判决书。

⑤ 参见谢在全：《民法物权论》（修订5版），中国政法大学出版社2011年版，第935页；孙鹏：《物权公示论——以物权变动为中心》，法律出版社2004年版，第243~246页；高圣平：《民法典动产担保权登记对抗规则的解释论》，载《中外法学》2020年第4期。

第三人应当包含善意受让人、质权人、登记的动产抵押权人以及租赁权人。① 从司法实践来看，“善意第三人”的范畴并不包含所有第三人。例如，《最高人民法院关于适用〈中华人民共和国民法典〉物权编的解释（一）》第6条排除了具有优先保护特殊性的债权人，而应当在其他民法机制中对其特殊利益加以明确与保护。本书认为，采取登记对抗主义的行政特许权若未为登记，其享有对抗一般债权人的能力。在明确担保物权可对抗的第三人范围后，需要进一步考虑的问题是，在同一标的上设立多个未登记行政特许权担保物权，相互之间是否具有对抗效力（优先顺位规则）？就此问题而言，《民法典》第414条第1款第3项保留了原《物权法》第199条第3项之规定，明确规定若抵押权未登记，则按照债权比例进行清偿，相互之间并无优先效力。这一规定改变了原《担保法》第54条第2项基于合同生效时间确定优先清偿顺序之规定，似乎削弱了未登记权利担保物权的物权对抗效力。但从现实层面来看，由于我国社会信用体系还需要进一步完善，如若允许未经登记的动产（权利）抵押依照合同生效时间来确定优先效力，则可能出现恶意篡改合同时间的可能。

第三节　行政特许权担保登记机关之界定

一、行政主体于行政特许权之上义务履行的差异性

行政特许权具备可担保性并不意味着其可以像一般意义上的财产一样任意设定担保。一方面，宪法十分注重对资源合理利用的原则导向。《宪法》第9、10条明确要求国家要保障资源的合理利用，个人和组织

① 参见曹士兵：《中国担保制度与担保方法》（第4版），中国法制出版社2017年版，第275页。

要合理地利用资源。从《民法典》对“绿色原则”的强调，也说明要将可持续发展的理念进一步融入社会经济活动之中。另一方面，法律禁止特许权人在开发利用自然资源的过程中滥设担保物权降低资源利用效率。虽然行政特许权具备一定财产价值，但在行政机关设定特许权、签订特许协议时往往针对特许权人设置了诸多的义务，因此不能允许特许权人随意流转其享有的特许权，也就不能任意设定担保。无论在企业融资方面多么强调高效，也无论特许权人对担保需求多么迫切，原则上应先行通过主管部门的批准，以尽可能降低设定抵押以及最终流转过程中存在的风险。但行政主体对行政特许权担保物权设定问题的监督并不等于无限度的管制，已被允许进入市场的行政特许权仍应享有自我调控的适当“自由”。因此，在不脱离行政监管的前提下，如何协调行政主体与特许权主体之间的担保关系以尽可能提高担保效率，是当前需要考虑的问题。

影响行政特许权担保物权设定成本的重要方面在于制度设计，而制度设计又涉及担保财产、担保合同与担保登记等方面。在行政特许权担保问题上，突出的问题在于行政机关对于该类财产上所设定的烦琐的程序要求与并不相同的设置标准。针对行政特许权担保问题，我们应当强调行政机关对担保市场的有效风险监管，而要提高监管效能，最基本的任务之一是应当对担保交易的监督主体及监督内容加以整合与统一。在行政特许权担保问题上，当然少不了行政主管部门的参与。例如，从矿业权来看，企业若想申请矿业权抵押，需要自然资源主管部门对矿业权是否具备设定抵押的条件进行实质意义上的审查，审查耗时长、责任重、风险高。在理论与实践中，学者针对行政特许权抵押时是否应当向主管部门进行事前或事后的备案、行政主管部门是否应当进行审查以及如何进行审查备案等问题都存在诸多疑问。

事实上，我国并不缺乏对公共资源保护的规制，对行政特许权人权利的授予审查与权利行使过程中的限制性规范也不鲜见。之所以还会产生资源流失保护不力的担忧与可能，主要在于对行政特许权的监督主要归属于各地地方政府与有关行政部门，而其基于自身利益的需求无法对行政特许权的行使尽到应尽的监督职责。从对资源配置的监管来看，其主要分散在不同机关进行分散监管，又由于各个行业主管部门有时又成为投资主体，最终形成了“部门分割、管办不分、同体监督的监管模式”①。其中又包含了三方面的内容需要进行考虑：一是中央政府与地方政府关于行政特许权设定利益划分的问题；② 二是特许权设定主体与监督权行使主体在立法上是否应当统一的问题；三是监督主体是否应当统一的问题。从既有的理论与立法来看，其大多强调政府对行政特许权设立过程中的监管责任，对行政特许权其他阶段尤其是在行政特许权担保物权设定和实现过程中的监管义务释明较少。由于相应规范的缺失，在出现争议问题时如何妥善处理成为一项难题。

（一）特许主体与监督主体的三元模式

在考察公共资源利用（尤其是对自然资源的利用）过程相关联的公共利益时，我们最容易趋向与环境保护问题相衔接。因此，在多数情况下，探讨与公共资源有关的权利行使时，常常将环境公益引入其中并试图通过各种手段来尽可能实现资源的可持续利用。也正因为行政特许权的公益性，交易市场当然不能完全市场化，由谁来监督行政特许权的行使以及监督机关权力界限的问题便值得思考。不容否认的是，保护环

---

① 徐天柱：《公共资源市场化配置监管模式创新及制度构建》，载《行政论坛》2014 年第 2 期。

② 探讨这一问题的目的主要在于解决前文提到的跨行政区划的公共资源所要设定担保物权的问题。在我国自然资源和公共资源管理过程中，行政主体既要作为资源利益的分配者，又要作为资源利用的监督者，角色的重叠在一定程度上造成了权力与责任实现过程中的不畅。地方政府作为资源的直接管理者，当其自身的利益与全国性公共利益相冲突时，维护公共利益的法律往往可能会被虚置。因此，在行政特许权设立担保物权时如何协调中央与地方行政主管部门之间的权利与义务，尤其是针对跨区域的公共资源特许使用权担保问题上如何进行调控，是担保物权设定时需要解决的重要问题之一。考察当下法律文件，对这一问题基本已有统一共识与规范，故本书在此不作过多探讨。

境的绿色理念十分必要，但就行政特许权的行使来看，权利的行使过程是依靠私权主体进行的。那么，对行政特许权主体进行公益性规制就能够完整契合整体环境保护与绿色发展的要求吗？换句话说，通过规制行政特许权私主体是否就能够达到环境保护与公共利益维护的要求？从环境法的角度来看，当前主流观点是倡导具有私权性的公民环境权。但从实践来看，通过设定个体义务来实现环境与资源的绿色发展似乎并不适用于与环境有关的公益领域。个人对环境公益的参与是针对环境公共事务（如监督、诉讼等权利），而不是针对环境本身；是出于环境公益等保障需要而生的第二性的权利——“维护”的权利，而不是第一性的权利——“支配”的权利。[①] 因此，在公共资源特许使用权流转过程中环境公益的维护仍然需要公权力主体做出更多的监督与管理的具体行政行为。《行政许可法》第 66 条规定了相关监督主体，但并不明确。[②] 就具体的单行法来看，亦存在不同的规定。对公共资源的占有、使用和收益实际上是由各地政府部门享有的，不同地方在制定监管标准的时候会存在一定的差异。正如前文所述，行政特许权被设定之后，公权力主体就变成了权利行使的监督者。在权利人对行政特许权设定担保物权的过程中，公权力机关身份的转化使其有义务尽到事前监督与事后双重监督的责任，在有必要的情况下还需要在事中进行适当的检查。然而，尽管需要行政主体干预的主要原因在于其涉及公共利益乃至国家利益，但行政特许权担保的设定本质上仍然应属平等民事主体之间的关系，仍然需要遵循私权先行的原则，所以我们应当在保证权利人自主性的基础上减少行政机关不必要的干预与监督环节。换句话说，行政特许权人所享有的权利应当得到优先保护和尊重，但国家可以对不良情况的出现进行规

---

① 参见巩固：《私权还是公益？环境法学核心范畴探析》，载《浙江工商大学学报》2009 年第 6 期。

② 《行政许可法》（2019 修正）第 66 条规定：“被许可人未依法履行开发利用自然资源义务或者未依法履行利用公共资源义务的，行政机关应当责令限期改正；被许可人在规定期限内不改正的，行政机关应当依照有关法律、行政法规的规定予以处理。”

制与处理，这也与行政的补充性原则相匹配。那么究竟应当由谁来监督与管理行政特许权的有序运行以及行政特许权担保物权的设定与实现？许可主体与监督管理主体是否应当是一致的？从我国当前立法来看，存在三种情形：

一是监督主体即为特许主体。如 2016 年颁布实施的《深海海底区域资源勘探开发法》第 8 条和第 19 条规定，深海海底区域资源勘探开发活动由国务院海洋主管部门开展许可和监督工作。

二是监督主体与特许主体相区分。如《海域使用管理法》规定，虽然沿海县级以上人民政府海洋行政主管部门可根据授权进行监督工作，但有海域使用权特许决定权的主体为国务院及其授权的省级人民政府。

三是监督主体与特许主体部分重合。如《渔业法》第 7 条和第 23 条规定，国家对渔业的监督管理，实行统一领导、分级管理。在针对渔业项下的捕捞权审批问题上，渔业监督主体与捕捞权审批主体存在部分的重合。

（二）行政主体对行政特许权交易的两类监管

行政特许权除了在权利设定主体与权利行使监督主体之间存在重叠与分散的不同模式外，行政主体在行政特许交易过程中的监管也存在不同模式。从我国立法来看，针对行政特许权的交易主要存在以下两类监管模式：一是针对不同行政特许权采取各部门分散监管模式，如《浙江省招标投标条例》第 5 条规定，各行政部门根据各自职能分工，对招标投标活动实施监督；二是“统一加分散”监管模式，成立统一的公共资源交易管理委员会，并协同各行政部门在各自职权范围内依法履行对公共资源交易的监督管理职责，如《呼和浩特市公共资源交易运行管理办法》。

具体到行政特许权担保问题，在采取抵押登记生效制度的前提下，担保物权登记机关、特许机关与监督机关之间是否应当保持一致？职责应当如何划分？在担保登记阶段是否需要各部门的全程参与？当前出现的不同监管模式对行政特许权担保物权的设定与实现有何影响？从我国学理上看，有学者认为，部门分散监管体制导致政出多门、部门利益至上、行业严重分割、市场秩序混乱。[①] 有学者提出，可以采用公共信托制度来加强监督。[②] 有学者认为，应当由统一的监管机构专职监管工作，交易平台为直属政府管理的事业机构，两者之间不存在隶属关系，防止产生新的同体监督问题。[③] 有学者提出，应当建立垂直领导的国有自然资源资产管理部门，针对重点资源由中央国资部门直接管理，一般自然资源可以责成或委托地方国资部门管理。自然资源资产收益应统一由中央财政专项基金管理。[④]

本书认为，立法产生的特许权设立主体与监督主体的矛盾与差异，在一定程度上造成了行政特许权担保物权设定过程中的阻碍。例如，行政特许权担保与实现时通常需要行政机关的审查或审批，在特许主体与监管主体相分离的情形下以及在不同行政特许权交易监管模式下，行政特许权人应寻求何者审批存在诸多疑问，也给其担保的设定与实现带来了重重阻碍。在部门分管的体制下，行政特许权在设定担保物权以及担保物权实现的过程中应如何处理与诸多行政部门之间的关系实属不易。首先，各个部门针对行政特许权界限的认定、对全国性资源调查技术和标准的差异性必然导致数据的准确性以及制度设计的可行性方面大打折扣。其次，由于行政特许权设立主体、监督主体在某些领域出现分离，部门之间的职责分工不同，容易产生监管盲点。最后，由于监管模式的差异，在一定程度上导致各部门在资源利用模式上出现不同，继而造成

---

① 参见徐天柱：《公共资源市场化配置监管模式创新及制度构建》，载《行政论坛》2014 年第 2 期。

② 参见丁杨秋：《论自然资源特许使用的法律监督主体》，载《天水行政学院学报》2017 年第 6 期。

③ 参见徐天柱：《公共资源市场化配置监管模式创新及制度构建》，载《行政论坛》2014 年第 2 期。

④ 参见黄小虎：《把所有者和管理者分开——谈对推进自然资源管理改革的几点认识》，载《红旗文摘》2014 年第 5 期。

部门之间监管权限的冲突。当然，我国有必要建立统一的监管与交易程序，但目前尚不具备设立统一监管机构的现实基础。首先，设定统一的监管机构确实可以在一定程度上打破部门分割导致的效率低下之问题，但这需要中央层面牵头解决各部门监管权让渡问题，由于牵涉的部门多、范围广，所要耗费的制度成本过高。其次，监督机构对行政特许权担保与交易的监督并不是仅制定统一的资源名录、构建统一的监管程序就可以完成的。不同的行政特许权在行使、流转的过程中具有其自身的特殊性和专业性，在交易过程中需要由专业的评判专家、交易机构对交易过程中的风险进行评估，仅设立一个监管机构并不足以支撑所有行政特许权交易过程。除了需要考虑各行政部门之间针对行政特许权担保问题的监管权限划分以外，还要考虑行政部门在不同阶段监管内容的差异性，这需要针对抵押登记工作的重点内容来对有关机关的职责进行考量。

二、行政特许权担保登记机关的有限统一

（一）行政特许权抵押登记机关之界定

就抵押权登记制度立法趋势来看，尽可能地实现登记机构的统一以及推动信息平台的互联越发成为关注焦点，而其中又以自然资源特许使用权抵押登记机关问题更为明显。就自然资源特许使用权的抵押登记来看，《民法典》物权编第402条仅规定海域使用权抵押应当办理抵押登记，但未对登记机关作出明确规定。按照《不动产登记暂行办法》及《不动产登记暂行办法实施细则》的规定，海域使用权抵押登记应由不动产登记中心办理。但是，诸如矿业权等权利抵押则需要到原发证机关办理登记手续。针对自然资源特许使用权的抵押登记来说，其是否应当由统一的登记机关进行登记呢？本书认为，现阶段尚不具备纳入统一抵押登记机关之中的条件。一方面，针对自然资源特许使用权，党的十八届三中全会通过的《中共中央关于全面深化改革若干重大问题的决定》

指出，“总的思路是按照所有者和管理者分开和一件事由一个部门管理的原则”，健全国家自然资源资产管理体制。因此，有学者提出，要在建立科学合理的自然资源资产产权行使机制的基础上，通过不动产统一登记体系对自然资源资产所有权以及相关权利进行确权登记。[①] 本书认为，这一制度设计是具备一定科学性的，但正如前文所述，我国当前针对有限自然资源开发利用的制度设计中存在权利重叠的情形，单纯通过统一的不动产登记体系进行确权登记的制度设想在可操作性层面上存疑。此外，合理的自然资源产权机制的设计所要涵盖的内容十分庞大，在相当一段时间内科学合理地在全国推行存在较大困难，而自然资源特许使用权设定抵押的问题已然在实践中成为常态。另一方面，行政特许权具体可划分为自然资源特许使用权、公共资源特许使用权和特许经营权。这三大类行政特许权项下又可划分为大量具体的特许权利。这些权利在设立目的、用途规划、市场运行规则等各方面存在较强的专业性和差异性。在行政特许权设定担保物权问题上，仅利用某一特定的登记机关对行政特许权抵押进行登记，可能难以满足实践需求。

当然，虽然目前并不具备统一抵押登记机关之现实环境，但我们可对行政特许权进行分类，尽可能减少抵押登记机关的分散。首先，针对具体的行政特许权可以建立统一的信息登记平台。例如，根据 2020 年自然资源部发布的《矿业权登记信息管理办法》，为规范矿业权出让登记行为构建了全国矿业权登记信息及发布系统，提供登记和查询服务。目前，自然资源部地籍管理司加挂不动产登记局牌子，中国土地矿产法律事务中心更名为自然资源部不动产登记中心，配合不动产登记局的工作。[②] 其次，不同的行政特许权之间可以尽可能减少登记机关的分散。

---

① 参见程雪阳：《国有自然资源资产产权行使机制的完善》，载《法学研究》2018 年第 6 期。

② 参见傅金波：《民法典时代商业银行贷款合规管理指南》，法律出版社 2020 年版，第 255 页。

从自然资源特许使用权抵押登记机关来看，虽然《民法典》第329条所规范的矿业权、取水权、养殖权等与土地使用权、海域使用权是完全不同的权利，但其均无法脱离土地使用权与海域使用权而独立存在。从单行法来看，《土地管理法》第4条第3款对建设用地用途进行了明确的限定，除建造建筑物用地外，还包括工矿用地、旅游用地等。① 《海域使用管理法》第25条也明确规定了用海类型。② 从《渔业捕捞许可管理规定》来看，渔业捕捞包括养殖业、捕捞业、加工流通业、增殖渔业、休闲渔业五大产业。换句话说，矿业权、取水权、渔业权的设定既形成了一种物权，又构成了对土地、海域进行开发利用的方式。因此，当前在缺乏明确登记机关指引之时，我们可以将自然资源特许使用权进行分类，纳入建设用地使用权抵押登记与海域使用权抵押登记之责任范畴进行统一规划。

另外，由于行政特许权担保无法被纳入统一的登记机关进行登记，那么《民法典》在删除了具体登记机关的背景下如何确定行政特许权担保登记机关就成为需要思考之问题。虽然《民法典》的这一做法回应了优化营商环境的需求，进一步帮助构建了动产和权利担保统一登记制度，同时《不动产登记暂行条例》和《动产和权利担保统一登记办法》也已经出台，但由于法律法规规范的抽象性以及行政特许权之特殊性，就行政特许权担保的登记而言，指明登记机关十分必要。明确行政特许权担保登记机关，一方面，可以明确各类行政主体的监督与管理责任，推动各类行政主体积极履职；另一方面，有利于明确行政特许权担

① 《土地管理法》（2019修正）第4条第3款规定："……建设用地是指建造建筑物、构筑物的土地，包括城乡住宅和公共设施用地、工矿用地、交通水利设施用地、旅游用地、军事设施用地等；……"

② 《海域使用管理法》第25条规定："海域使用权最高期限，按照下列用途确定：（一）养殖用海十五年；（二）拆船用海二十年；（三）旅游、娱乐用海二十五年；（四）盐业、矿业用海三十年；（五）公益事业用海四十年；（六）港口、修造船厂等建设工程用海五十年。"

保设立与实现之合法性，进一步优化营商环境，避免出现公权与私权之间的矛盾与冲突。

（二）中国人民银行征信中心应作为行政特许收益权质押登记机关

1. 中国人民银行征信中心不可成为行政特许权担保登记机关

征信银行对行政特许权担保进行登记有违物权法定原则。尽管本书认为，行政特许权可以作为担保物权标的的一种，但从《民法典》的规定来看，其对担保物权的设定属于一种授权性之规范，即使第 395 条与第 440 条均作出了兜底性规定，也并不等于一切财产性权利都可以被解释纳入担保财产范围之内，而是需要法律和行政法规明确的规定。但实践当中出现的结果便是，由于当前对行政特许权以及应收账款概念范围界定不清，征信中心对将行政特许权放入应收账款范畴之中进行了担保物权登记。而前文提到，行政特许权与行政特许收益权当然属于不同的两类权利，不能将二者混为一谈，实践中出现的这一情况实际上违背了物权法定之原则，扩大了征信中心登记职责与范围，造成了公示登记与司法裁判出现矛盾的情况。

2. 中国人民银行征信中心可以作为行政特许收益权质押登记机关

行政特许收益权担保在当前越发得到金融机构的认可。原《物权法》第 228 条第 1 款规定，应收账款质押自信贷征信机构办理出质登记时设立。[①] 因此，中国人民银行于 2007 年颁发的《应收账款质押登记办法》(已失效）中规定的征信中心实际上成为与原《物权法》应收账款质押登记规则相配套的公示机构。但《民法典》第 445 条规定，应收账款出质自登记时起设立，未再对登记机关加以明确。[②] 另外，《民法

---

① 《物权法》(已失效）第 228 条第 1 款规定：“以应收账款出质的，当事人应当订立书面合同。质权自信贷征信机构办理出质登记时设立。”

② 《民法典》第 445 条第 1 款规定：“以应收账款出质的，质权自办理出质登记时设立。”

典》亦未明确说明行政特许收益权包含于应收账款之中，仅有 2021 年中国人民银行出台的《动产和权利担保统一登记办法》第 3 条将部分行政特许收益权规范于应收账款之中予以统一规范。但该办法毕竟是部门规章，位阶较低，法律效力在未来能否真正得到认可尚有疑问。根据《动产和权利担保统一登记办法》第 4 条的规定，征信中心的职能是办理应收账款质押登记，那么征信中心是否有权对所有类型的行政特许收益权质押进行质押登记？例如，针对商业银行之外的其他质押关系当事人进行登记，征信中心是否有义务且有能力对其质押材料进行审查？如若出现诸如提供虚假材料等情形，征信中心是否需要承担责任以及如何承担责任？从目前立法来看，《动产和权利担保统一登记办法》仅要求当事人如实登记并在提供虚假资料给他人造成损害时承担相应责任，并没有规定由于征信中心的原因造成的登记问题应当如何承担责任。当然，尽管目前针对《动产和权利担保统一登记办法》的效力以及征信中心作为应收账款质押登记机关的规定存疑，但征信中心在针对应收账款质押的登记、查询等操作内容方面日趋完善。

2020 年 12 月印发的《国务院关于实施动产和权利担保统一登记的决定》明确将应收账款质押纳入动产和权利统一登记范围之中，由中国人民银行征信中心具体承担服务性登记工作。中国人民银行配套出台的《动产和权利担保统一登记办法》进一步明确了中国人民银行征信中心的职责。但在《动产和权利担保统一登记办法》实施的过程中出现了诸如法条冲突以及规范不明之处。其中一项较为核心的问题便在于，中国人民银行征信中心作为事业单位法人，虽然被授予对应收账款质押登记之权利，但它无法承担行政审批职责，而是提供一种服务性的登记工作。基于此，《动产和权利担保统一登记办法》要求进行登记的当事人承担更为严格的注意义务，也要对自己所提供的信息负责。因此，有学者认为，统一登记的主要作用是为交易主体提供动产和权利担保的登记信息，其并不实有创设担保物权，也不具有权利正确性推定效力，这是与不动产登记效力的重要区别。[①] 由此产生的矛盾便在于，我国《民法典》第440条对于应收账款的质押采取的是登记生效主义，这也就意味着当事人将应收账款质押于中国人民银行征信中心登记后才能设立，此时的登记具备了创设担保物权的效力。简言之，征信中心关于应收账款质押登记实则承担了决定该质押设定与否的权利。而正如前文所述，由于《民法典》以及相关行政法规并未就特许经营权能否设定担保的问题加以明确，实践中出现了当事人以特许经营权设定质押而在征信中心完成登记后，司法裁判却否定特许经营权质押效力的矛盾情形。由此便造成了权利人对征信中心的登记效力产生疑惑，对于担保究竟能否设立无法产生确信，给当事人之间的交易带来一定程度的阻碍，也给权利人担保物权的实现带来了风险。

笔者认为，首先，尽管中国人民银行征信中心的动产和权利统一登记目的不在于创设权利而在于公示权利负担，确定优先顺位，但我国当前关于应收账款质押仍采取登记生效主义，这就要求登记机关不能仅考虑登记效率与登记成本而仍需考察担保登记的合法性与真实性，尤其当将行政特许权担保纳入其中时。建议征信中心在登记声明制度框架下，对采取担保登记生效主义的权利担保进行合法性、真实性审查。其次，《动产和权利担保统一登记办法》第24条明确要求当事人及其利害关系人对登记内容真实性、完整性与合法性负责，实则给予当事人过于严苛的责任。正如在特许经营权能否设定担保的问题上，在法律关于该权利没有明确作出肯定性或否定性规定时，究竟能否将该权利设定担保在司法实践乃至法学学界都会存在不同观点，更勿论一般的交易关系当事人。因此，在行政特许收益权（应收账款）担保登记中，应当由征信中心对登记信息的合法性进行审查。最后，《动产和权利担保统一登记

① 参见高圣平：《〈民法典〉视野下统一动产和权利担保登记制度的构造》，载《浙江工商大学学报》2020年第5期。

办法》仅规定当事人在导致不能正确公示担保权利的情况下承担责任而未就征信中心的责任承担问题加以规定。本书认为，在权利担保登记生效主义下，征信中心应当承担一定的审查义务，如若因为征信中心的问题导致权利登记出现错误，则应当参照相关法律法规承担法律责任。

（三）完善行政特许权担保与行政特许收益权担保登记通知制度

行政特许权担保登记机关与行政特许收益权担保登记机关分属不同登记机构，二者适用的规则并不相同，由此便需要借助一定的规则以尽可能避免信息孤岛问题而带来的权利担保设立与实现时的矛盾与冲突。抛开平台信息互通这一技术层面之方式，笔者认为，应当合理利用《民法典》所规范的通知制度。通知制度在《民法典》担保物权中早已有所规定，其目的在于确保担保关系中利害关系人的知情权。就行政特许权与行政特许收益权担保的通知制度而言，本书认为，当担保人既设定行政特许权担保又设定行政特许收益权担保时，应当积极履行通知义务，将行政特许项目上所负担保及时通知各担保权人。在需要处分担保标的时，担保人亦需要及时通知各担保权人。

第四章　行政特许权担保的实现

第一节　行政特许权担保实现中的困境

在担保实现的过程中，主要涉及两个方面的问题：一是建立有序的监督机制，二是对利益的合理分配。行政特许权担保的特殊性在于，面对行政特许权的设置与转让，既需要行政机关对配给资格条件进行审查与监督，又需要保障相对人私法上之权益。这就涉及有限资源的市场配置问题，也就不可避免地会涉及国家与政府、中央政府与地方政府、政府与市场之间的关系问题。首先，在国家与政府之间的关系上，政府职能的二重性使其一方面需要代表国家行使国家所有权，维护国家基于所有权而享有的权益；另一方面需要积极组织公共资源市场体系的构建，实现公共资源应有的经济价值。其次，在中央政府与地方政府之间的关系上，关键在于明确二者的职权边界，对于利益的分配、交易规则的制定与执行等问题如何更好地在二主体之间分配是实现行政特许权有效流转的保障。最后，在政府与市场之间的关系上，需要明确政府对公共资源配置管理的边界。由于前两个问题已在前文有所提及且更多地涉及公法问题，故本书在此着重探讨在行政特许权担保物权的实现过程中政府与市场之间的关系问题。简言之，对于行政特许权的转让是否应当受到限制及其尺度是本节所要考虑的核心问题。

一、行政特许权流转市场不成熟

虽然行政特许权担保的设立并不当然导致权利最终的转让，但当需要实现行政特许权担保物权时，就不可避免地需要对权利流转问题加以考量。从立法上看，我国针对行政特许权市场化的配置规范主要集中在特许权出让阶段，主要包括《招标投标法》《政府采购法》《企业国有资产法》等。有学者提出，从我国相关法律规定来看，国家所有财产主要有两类：一是可以归为所有权人范畴之内的利用，即自物权形式的利用；二是不能归为所有权人范畴的主体以用益物权方式对国家财产的利用。[①] 当然，就实践来看，无论对国家所有权进行怎样的解释，国家本身并不能直接行使对其享有的所有权，只能通过代表制由代表机关在授权范围内行使特定的公共资源所有权。但又由于代表机关同时具备国家管理职能，在行政管理机关与国家所有权行使代表机关双重身份项下，会导致义务与权利的纠缠与模糊，在一定程度上使行政特许使用权市场化运行出现疑惑，主要存在以下难题：

首先，行政特许权交易立法分散且标准差异较大。我国行政特许权交易最初并非率先由国家推动而是在市场自主逐渐发展的情况下由国家对行政特许权交易进行管控。我国针对公共资源的交易肇始于改革开放初期，主要是通过行政法规范逐渐发展起来的，这不可避免地形成了交易过程中较为明显的公法上的监控局面。又由于针对具体权利的规定存在不同阶段、不同地区的立法，从而形成了分散立法且分散监管的法律体制。一方面，这一立法模式是伴随着我国当时当地经济发展并与当时行政特许担保与流转相符合的；另一方面，分散立法导致管理部门的管理权或监督权的冲突。由于行政特许法律关系之标的物涉及行政任务的完成，故其流转或处置一般需行政主体同意。[②] 因此，从特许权转让的性质上看，有观点认为该行为属于公法行为。[③] 如国家对国有无线电频

---

① 参见谢海定：《国家所有的法律表达及其解释》，载《中国法学》2016 年第 2 期。

② 参见翟翌：《作为特许人的行政主体与“受许人的对象人”之间关系的变迁及价值——一个行政过程论的视角》，载《学术月刊》2019 年第 6 期。

③ 参见任海青：《公共资源特许制度研究》，南京大学 2014 年博士学位论文，第 116 页。

谱资源严格的管控，虽然诸如《海南省无线电管理条例》在无线电频谱使用上允许商业用无线电频谱，但由于我国目前还没有无线电频谱许可证的二级市场，仍然由国家掌握着对无线电频谱的分配权，此类商业用无线电频谱资源使用之上可否再行流转或设定担保物权便不得而知。从我国当前立法实践来看，针对公共资源交易的制度构建通常由各地政府部门推动，由于中央层面的顶层设计缺位，各地有时在合法性与合理性方面会出现偏差。虽然当前我国在针对资源配置问题上越发强调市场配置手段，但由于交易规范多由各地行政机关自行设定，因此，在某些行政特许权交易领域更多地偏重采用处罚、没收等行政干预手段，造成担保物权人的权利行使存在风险。

其次，行政特许权担保物权受让主体资格以及转让条件严格受限。在现实中，虽然部分行政特许权已然被明确允许公开交易与流转，但由于受让人主体资格受到严格限制，流转率较低。也正因为流转率低，行政特许权公开交易流转案例较少，对于金融机构关心的变现价值缺少明确的参考依据，在担保物权实现过程中存在较大的风险。例如，就矿业权来看：第一，由于矿业权的收益率较高，包括商业银行在内的诸多金融机构亦普遍展开矿业权抵押融资业务。但由此产生的问题在于：金融机构一般仅针对采矿权设定抵押，由于探矿权专业性要求极强，风险较高，金融机构对探矿权抵押持谨慎态度。第二，矿产资源的勘探与开发利用需要专业的技术要求和设备配置，因此，抵押权人若想实现担保物权，就需要通过法院或其他拍卖单位对矿业权进行拍卖继而得到优先受偿。第三，行政特许权担保物权的实现受到转让条件的限制明显。例如，2016 年施行的《甘肃省矿业权转让管理办法》（已失效）对探矿权转让条件提出了明确的要求，包括但不限于需要企业完成规定的最低勘查投入、享有探矿权满两年等。如若企业在未实现上述探矿权转让要求时便需要实现抵押权，那么抵押权能否顺利实现便存在疑问。由于严苛的受让主体资质限制，导致银行等金融机构并不愿意接受矿业权抵押。

再次，由于流转市场的不成熟导致权利实现困难，金融机构面临资产处置风险。无论设定何类财产的抵押，实际上金融机构都会面临一定的市场风险、信用风险和操作风险，只不过是风险大小不同。然而，在面对行政特许权担保时，除了上述可能出现的风险外，由于行政特许权流转市场的成熟度相比其他普通财产流转市场来说并不高，往往会影响到金融机构处置行政特许权的效率，继而给金融机构带来经济上的风险，使金融机构对待行政特许权担保物权的设置持审慎态度，造成行政特许权人融资出现困难。例如，在某些项目中，政府会提前与提供贷款的金融机构签订合同，承诺按时向特许经营权人支付费用，金融机构依此承诺向经营方发放贷款。如若欠缺此类政府承诺，金融机构则会要求特许经营权人以其他标的设置担保。①

最后，公共资源统一交易平台机制尚不完善。2013 年党的十八届三中全会要求“推进公共资源配置市场化”，2015 年，时任国务院总理李克强明确要求“有关部门抓紧制定全国统一的公共资源交易平台管理办法和交易规则”。② 应当说，无论是市场化还是民营化，其目的在于降低公权之限制而重在以私法理念对交易制度加以设计。当前，虽然整体趋势是趋向统一与整合，但实践中表现出两大困境：一是欠缺对资源交易的统一具体规则，地方立法或多或少会与法律法规有所不同甚至是出现抵触；二是在强调构建统一交易平台的过程中，一些政府部门往往在强调“统一”的过程中忽视了不同公共资源之间的特殊性，使制度

① 参见林华主编：《PPP 与资产证券化》，中信出版社 2016 年版，第 1 ~5 页。

② 《国务院办公厅关于印发整合建立统一的公共资源交易平台工作方案的通知》（国办发〔2015〕63 号）。《公共资源交易平台管理暂行办法》，中华人民共和国国家发展和改革委员会、中华人民共和国工业和信息化部、中华人民共和国财政部、中华人民共和国国土资源部（已撤销）、中华人民共和国环境保护部（已撤销）、中华人民共和国住房和城乡建设部等令第 39 号，2016 年 8 月 1 日。《关于创新政府配置资源方式的指导意见》，中共中央办公厅、国务院办公厅发，2017 年 1 月 11 日。

设计在运作过程中出现不适之处。在缺乏对公共资源统一性认识的前提之下，我国目前尚未完成对公共资源进行统一交易规则之设计，对行政特许权担保的设定是否应当纳入统一的交易平台之中，各方也尚存疑问。未来在制度的设置上，我们需要尽可能明确行政特许权设定资格审查、行政监管与交易服务三者的界限。

二、行政机关提前收回行政特许权对行政特许权担保产生影响

虽然行政特许权人与担保物权人双方构成了行政特许权担保关系中的法律主体，但行政特许权授权主体不可避免地会参与到这一关系之中。若行政特许权人对特许权使用不善，危及担保物价值的可能性就越发明显。因此，无论是对行政特许权交换价值的维护，抑或对行政特许收益权稳定性的保持，都离不开行政主体对行政特许权良好的利用与监督。有学者基于辅助性原理提出，在行政任务民营化后，只有在私人不能很好地完成公共任务时，国家才基于辅助人的地位通过各种管制措施确保公益达成，此时国家承担的责任是国家担保责任。[①] 但也正由于对行政特许权所涉及的公共利益的强调，特许权人的利益往往居于次要的和从属的地位。在特许权人行使特许权的过程中，会不可避免地受到行政机关单方面强制性的权力限制。从立法上来看，部分行政特许权已被允许设定担保物权，在担保物权的制度框架之内，担保物权人基于行政特许权设定与实现过程中可能存在以下风险：一是由于地方政策的调整，行政机关直接收回了某项行政特许权；二是签订了经营协议的当事双方在履行协议过程中，行政机关没有依据协议保证特许权人经营权的独占性和垄断性，致使特许权人的利益受到重大损害；三是在行政特许权证被吊销或注销等情形中，特许权之上的担保物权何去何从的风险。

① 参见杨彬权：《论国家担保责任——担保内容、理论基础与类型化》，载《行政法学研究》2017 年第 1 期。

若行政特许权人不按照约定行使权利，行政机关若意图收回该项行政特许权，那么第三人的担保物权又会受到怎样的影响？当政府基于某些原因要收回某项行政特许权时，如何处理于此特定行政特许权之上的担保物权呢？下文将针对这些问题进行详细论述。

三、行政特许收益权担保设立存在潜在风险

行政特许收益权担保设立时存在的风险主要出现在行政特许项目未完工导致收益权无法形成的情形中。例如，在能源、交通等领域，资本需求较高，根据《基础设施和公用事业特许经营管理办法》的规定，投资人取得收益权的前提在于其完成特许经营项目建设，一旦项目烂尾，收益权也不可能形成。例如，根据《收费公路管理条例》第 25 条规定，收费公路建成后，应当按照国家有关规定进行验收；验收合格的，方可收取车辆通行费，并且明确收费公路不得边建设边收费。因此，在行政特许项目尚未建设完毕的情形之下，商业银行的行政特许收益权质押担保将处于悬空状态。当然，这并不意味着行政特许收益权不能成为独立的担保标的，而在于其能降低行政特许收益权质押实现风险。

笔者认为，在行政特许收益权质押设定时，应由银行等金融机构对行政特许权人的资信状况进行贷前调查，对于尚未建设完毕的行政特许项目可要求权利人追加项目有关资产作为抵押或质押补充担保。

四、行政特许权以及行政特许收益权担保实现方式存在制度障碍

（一）行政特许权担保实现的两种方式

就行政特许权担保物权实现来看，以排污权为例，目前已有多个省市陆续进行排污权有偿使用和交易。从排污权抵押权的实现方式来看，主要存在两种模式：一种模式是通过市场交易的方式实现抵押权，但由于排污权二级市场的不成熟，试点地区排污权交易指标较少，导致排污

权抵押权实现较为困难。此外，排污权的价值受到该区域排污指标总量的影响，容易导致排污权的价值波动相对较大。另一种模式是政府回购模式。由于有关排污权抵押权的规范主要由地方设定，其中所规定的“政府回购”义务无法成为一项法定义务，可能存在政府不进行回购的情形。另外，政府回购的价格与资金来源尚未得到明确。

（二）行政特许收益权质押实现方式不统一

就行政特许收益权质押权实现方式来看，主要存在以下矛盾：

一方面，行政特许收益权质押依附于应收账款质押体系之中，行政特许收益权质押实现是否应当与应收账款质押实现方式保持一致存在疑问。另一方面，由于特许经营权与特许经营收益权在实践中的混用，有学者认为特许经营收益权究竟是否可以转让存疑。有学者提出，作为权利母体的特许经营权本身转让受限，因此作为特许经营权中的权利之一的特许经营收益权的可转让性也会受到一定的限制。[①] 从公开的判决来看，虽然多数法院认为收益权质权人应当享有优先受偿权，但未说明实现行政特许收益权质押应当采取何种方式。司法实践中主要出现以下几种判决结果：（1）将行政特许收益权纳入应收账款体系，判决应当通过拍卖、变卖的方式实现质权。[②]（2）特许经营收益权具有公益属性，应当采取直接收取价款的方式实现质权，而不能拍卖、折价。[③]（3）尊重当事人意思自治，允许当事人通过合同约定的方式实现质权。[④]（4）对

① 参见方印、魏维：《PPP 特许经营项目收益权质押若干问题探讨——以（2012）榕民初字第 661 号判决为素材》，载《贵州警官职业学院学报》2018 年第 1 期。

② 李金刚等诉安徽中盈盛达融资担保有限公司等保证合同纠纷案，安徽省高级人民法院（2014）皖民二终字第 00283 号民事判决书。

③ 福建海峡银行股份有限公司福州五一支行与长乐亚新污水处理有限公司借款合同纠纷案，福建省高级人民法院（2013）闽民终字第 870 号民事判决书。

④ 华融国际信托有限责任公司与河南信阳毛尖集团有限公司等金融借款合同纠纷案，北京市第四中级人民法院（2016）京 04 民初 6 号民事判决书。

行政特许收益权质押实现方式进行模糊处理。[①] 可见，行政特许权担保物权以及行政特许收益权质押应如何实现亦是值得认真思考的问题之一。

值得注意的是，单纯的行政特许权转让与基于行政特许权担保物权实现导致行政特许权转让之间是存在一定差异的。原因在于，单纯的行政特许权转让除了考虑到对公共资源的有效开发与利用以外，还需要关注公共资源本身的保值与增值，继而产生的结果通常是“价高者得”。而通过担保物权实现造成的行政特许权转让则还需要考虑受让人后续经营活动中的成本，由于其提供的主要服务或产品涉及公共利益，需要确保其后续经营中不会产生过高的资产溢价。因此，在流转过程中应注意二者之间的差异。

五、股权担保实现导致的行政特许权变相转让

近年来，股权质押融资成为常态，作为一种信用扩张的融资杠杆操作行为，由于多家上市公司因股权质押而险些易主，实务界与理论界对股权质押下的危机防控意识均日益增强。由此产生的问题有二：

一是资本市场对质押股权的错误定价导致行政特许权经济价值受到侵害。行政特许项目在建设过程中往往需要大量资金而可担保物较少，控股股东或管理方需要寻求可利用的担保品。行政特许权控股股东质押股权可以令财务资源的杠杆效应得到充分发挥。然而，由于股权担保能力的高低最终取决于股权的价值，而股权的价值又取决于资本市场对股权的定价。一方面，当行政特许项目股价被低估时，就会增加贷款成本，缩减股权质押规模，导致行政特特权项目融资效果不理想。另一方面，当行政特许项目股价被高估时，虽然能够在一定程度上更好地解决

---

① 兴业银行股份有限公司福安支行与福安市和境环保科技有限公司、福建和境环保科技有限公司等金融借款合同纠纷案，福建省福安市人民法院（2015）安民初字第6142号民事判决书。

项目运行过程中对资金的需求问题，但股价被高估后，由于行政特许项目经营主体面临较高的融资约束，基于项目运行的公益性，项目主体偿债能力有限，给行政特许权项目运行带来较高风险。

二是在实践中关于行政特许权的流转出现了“变相转让”之情形，即并非通过直接转让行政特许权的形式而是通过间接方式将行政特许权交给第三人行使。其中一种值得关注的形式是行政特许权人通过股权质押的方式间接地将行政特许权流转于第三人。这一形式的出现主要有两个原因：其一，行政特许权项目主体存在客观上的资金不足，以其所有的股权质押解决项目融资问题，但由于高债务和高杠杆问题的显现，在项目无法完成预期任务后被动将股权转让给他人。例如，股权质押时，股票市场估值较高从而能够获得较大规模的贷款，而股权质押后，股票价值下降而可能导致需要追加质押标的甚至在担保实现过程中触发控制权转移风险。其二，行政特许权控股股东不想再继续经营行政特许权项目，基于行政特许权转让在政策上的限制而采取主动转让股权的方式转让行政特许权。然而，目前法律法规并没有对这种形式的行政特许权流转进行限制。行政特许权人利用股权质押的优势在于：首先，相对行政特许权担保物权设定更为便捷；其次，股权担保并不完全否认出质人对质物的利用，针对股权出质的，出质人仍然可以享有股权中的非财产权利。这里引发的问题是，如若通过股权质押的方式最终流转行政特许权，法律法规应当如何进行规制？

行政特许权主体的股权流转方式的特征在于，从形式上看，被授予行政特许权的企业主体并没有发生变化；但从实质上看，实际控制公司法人的股东已发生了变化，而控股股东的地位与公司经营、财务等活动关联极大。由于法律欠缺对股权流转的规范，导致实践中直接转让行政特许权的行为较少，更多的是采取股权交易的方式来获取权利。那么，是否应当将公司股权担保纳入行政特许权担保规范规制之中，成为当下争论的问题之一。立法上，从《市政公用事业特许经营管理办法》的规范来看，其并没有就特许权人股权变更问题作出明确规定，也未说明如若基于股权变更而使特许权人资格条件与特许经营协议约定内容不符应如何处理。《深圳市公用事业特许经营条例》第 55 条第 2 项规定，如果由于股权转让导致不符合特许经营协议约定的授权资格条件，若在特定期限内无法改正，则撤销其特许经营权。《北京市城市基础设施特许经营条例》对股权变更亦作出了一定的限制。① 司法实践中，在“薛某等四人与西藏国能矿业发展有限公司、西藏龙辉矿业有限公司股权转让合同纠纷案”中，最高人民法院认为，股权转让不等于矿业权转让，以股权作为流转标的签订的合同不以批准、登记等手续为生效要件。对此问题，学界亦有两种观点：一种观点认为，股权转让与特许权转让是不同的；另一种观点认为，不能单纯以表面合同形式认定法律性质，而应当对股权的变更进行更为严格的限制。②

整体而言，股权不仅是一种具有财产价值的对价，其与控制权有着密切的联系。从实践中看，封闭公司（除上市公司外的有限责任公司）在登记上，只登记发起人姓名，若发起人转让股权，公司并无义务进行变更登记，因此造成许多股权并无明确公示。但究竟对股权转让如何限制，其合理性存在一定的疑问。实际上，通过股权质押变相转让股东实际控制权的情况在其他领域如房地产开发领域亦有显现，只是由于行政特许权强烈的公益属性使这一问题更值得警惕。但本书认为，若不考虑以股权担保变相流转行政特许权的问题会在一定程度上导致《行政许可法》以及相关法律法规对行政特许权禁止设定担保与禁止流转条款形同虚设。因此，应当对行政特许项目股权质押采审慎态度。

首先，由于我国资本市场尚为年轻，还存在如资本投机等问题。因此，在针对行政特许项目股权质押问题上，从法政策角度而言，应当以

① 《北京市城市基础设施特许经营条例》第 14 条第 2 款规定：“特许经营协议可以约定限制项目公司的股权变更。”

② 参见任海青、张鹏：《行政特许物权制度研究》，载《南京社会科学》2016 年第 2 期。

预防“高负债”和“高杠杆”风险为指引，促进资源优化配置，在允许股权质押的基础上强调相关部门的监管义务与责任，尽可能回应各类公益事业发展的需要。

其次，正如前文所述，特许权人利用股权出质虽然降低了行政机关对行政特许权人出质的干预，但行政特许权人在出质的过程中需要企业内部的自我监督与管理，尽到了特定的审慎义务。又因股权质押并不直接产生法人主体变更的法律效果，且股权质押与行政特许权直接抵押的财产并不完全相同，因此，在当前利用股权出质尚未出现明显损害行政特许权相关利益的情况下可对该问题予以持续关注，但并不一定通过立法针对行政特许权股权出质增设限制条件。

从当前立法而言，有地方针对行政特许项目的股权质押问题作出了一定的限制，但由于欠缺上位法规范，其合法性存在一定的疑问。笔者认为，原则上应当允许控股股东以其所有的股权设定担保，但由于行政特许项目所具备的公益性，为防止股价的任意性波动与股东的盈余操控，应当对股价评估方作出相对严格的筛选与限制，尽可能避免因人为因素干预导致的行政特许权隐蔽性地流转。

本书认为，应适当提高行政特许项目股权质押门槛，建立相应监管制度。一方面，应当适当降低行政特许项目股权质押率，按照项目体量大小设置不同层级的质押率。同时，限制股权质押比例，对控股股东所拥有的股权可质押比例作出限定，以降低由于股票市场大规模变动而对项目运营带来的风险。另一方面，应当建立健全行政特许项目股权质押监管制度，建立多部门共同参与的行政特许项目股权质押风险处置机制。依据原银保监会于2018年年底发布的相关文件，可进一步引入保险资产管理公司，缓解过高的股权质押比例给行政特许项目带来的流动性风险。

第二节 行政特许权担保的实现进路

在行政特许权担保的实现过程中，无论是折价抑或变卖拍卖，都涉及行政特许权的转让。在我国法律法规中，当事人取得行政特许权的途径有二：一是通过行政机关的出让（授予）取得；二是通过行政特许权人的转让取得。行政特许权的转让除适用私法规范外，还应受到公法限制并应接受行政许可机关的监管，这种限制或监管体现为行政许可机关对特许权转让的同意或许可以及特许权转让的变更登记。当然，在行政特许权出让/转让过程中引入公平竞争机制实际上是在公权力主导的资源配置程序中引入了市场机制，这种配置方式不仅能够使作为资源所有人的国家实现经济利益的最大化，让资源的经济价值得到充分的体现，还可以通过市场机制配置资源，从而建立起一种稳定、高效率、可持续的资源使用和资源保护制度。当事人通过市场竞争机制获得的特许权具有排他性，能够依法进行转让和处分。此时产生的疑问是，对于以竞争出让的行政特许权，在设定担保后，如何构建科学合理的竞争出让制度以保证竞争出让的有效性？要形成规范有序的竞争性出让制度，还需要构建适合行政特许权出让的专门法律制度。

具体就担保物权的实现来看，主要存在两种路径：一是担保物权人需得到法院的裁决或有关国家机关的批准才能实现担保物权；二是担保物权自行处分担保物权。正如前文所述，行政特许权流转过程中所要着重考量的是政府与市场之间的平衡问题。通常来说，行政特许权的有偿使用大多离不开“价高者得”的获取方式，而这又时常会与公共利益或生存利益产生矛盾。有学者指出：“市场原则上不应侵入非市场的公共领域，那些非商品的自然资源不能商品化，否则就等于剥夺了民众生而享有的对公共自然资源的权利，使这些自然资源成为一些特权人物和富裕人群所独占的财产。”① 因此，针对行政特许权担保物权的实现问题，需要考虑两个方面的内容：一是尽可能降低担保物权实现成本，提高效率；二是尽可能避免担保关系当事人在担保物权实现过程中可能作出的不正当行为而损害公共利益。

一、行政特许权担保实现之路径

（一）担保物权人可在一定限度内自行处分担保物权

就担保物权实现而言，担保物权人能否自行实现担保物权？仅从我国《民法典》第410条第1款、第436条第2款来看，我国法律法规中具有认可担保物权人自行实现的传统。在行政特许权担保实现的过程中，在现行法并未作出明确限定的情形下，原则上应当允许担保物权人自行实现担保物权。就行政特许权来看，以矿业权为例，《最高人民法院关于审理矿业权纠纷案件适用法律若干问题的解释》第6条第1款规定，矿业权人未经过自然资源主管部门批准而请求办理矿业权变更登记手续的，人民法院不予支持。《探矿权采矿权转让管理办法》亦规定，采矿权转让应报请自然资源主管部门批准，转让合同自批准之日起生效。就上述规范来看，行政特许权人不能随意转让其享有的行政特许权，行政特许权人若要处分其享有的行政特许权原则上需要征得行政主管部门的同意或批准。首先，行政特许权作为一项与公共利益密切相关的权利，行政主管部门对特许权人权利的授予均需要就权利行使的范围、内容以及权利转让风险加以评估与考察。其次，在公共资源领域，国家作为所有权之主体，由行政主管部门代替履行所有权主体之权利，有权对行政特许权人之权利予以限制。当然，此类限制必须是在法律、行政法规有明确规定时才能够由行政主管部门加以规定。无论是基于《民法典》

---

① 参见马骏驹：《国家所有权的基本理论和立法结构探讨》，载《中国法学》2011年第4期。

第395条还是第440条的规定，能否设定担保的财产必须由法律、行政法规作出肯认或否认。如若在行政特许权担保实现过程中赋予行政主管部门自主决定同意流转与否的权力，那么势必会给行政特许权担保带来极大的不确定性风险。尽管有学者认为，根据行政行为和行政协议对当事人和法院的拘束力理论，无论是法院对公共资源特许使用权进行司法拍卖，还是权利人转让公共资源特许使用权，只有事先取得公共资源主管部门的同意，才能摆脱行政行为或行政协议的拘束。① 但仍然对行政主管部门的同意权限作出明确的界定。最后，在得到主管部门的批准之后即可对行政特许权自行转让。换句话说，行政特许权担保物权的实现可以允许自行实现之途径，但需要受到严格限制。权利主体如果要实现担保物权，只能在法律允许的限度内，通过法律许可的方式行使权利。

（二）声请司法机关拍卖、变卖担保物

行政特许权担保在实现时是否可以依据《民法典》第410条的规定请求法院直接拍卖、变卖呢？在实践中，司法机关在强制执行拍卖物时与行政机关之间存在不协调之处：在法院依法拍卖某项行政特许权后，司法机关依据《民事诉讼法》第262条要求有关行政单位协助办理证照转移手续，② 但行政机关却以法院拍卖不符合行政法规或行政单位原有规划之理由而拒绝配合法院执行工作。③ 在出现此类情况时，司法机关与行政机关究竟应当如何配合以尽可能减少矛盾的发生？从我国立法来看，根据《探矿权采矿权转让管理办法》、《矿产资源开采登记管理办法》以及《立法法》的有关规定，行政特许权受让主体应当符合法定

① 参见肖泽晟：《论公共资源特许使用权转让之限制》，载《苏州大学学报（哲学社会科学版）》2018年第1期。

② 《民事诉讼法》第262条规定：“在执行中，需要办理有关财产证照转移手续的，人民法院可以向有关单位发出协助执行通知书，有关单位必须办理。”

③ 陈某反诉韦某等采矿权纠纷案，河南省新密市人民法院（2006）新密民一初字第1103号民事判决书。在执行过程中，新密市法院于2009年作出（2008）新密执字第581-2号民事裁定书及协助执行通知书。

条件。我国《拍卖法》第 33 条、《最高人民法院关于人民法院民事执行中拍卖、变卖财产的规定》第 15 条以及《最高人民法院关于审理矿业权纠纷案件适用法律若干问题的解释》第 16 条亦明确规定了买受人应当遵循法律法规对主体资质条件要求的规范，但并未明确由谁来审查买受人是否符合相应资质。[①] 由于行政特许权源于行政机关依法代表国家行使的公共资源所有权和行政管理权[②]，行政特许权设定担保与普通财产设定担保具有较大不同；又因为行政特许权的行使涉及公共利益，仅通过法院进行司法拍卖尚不足够，故需要公权力机关的参与。因此，本书认为，虽然当事人有权直接向法院申请对行政特许权的拍卖，但应当有相关行政主管部门的参与。在实现行政特许权担保物权时，需要行政主管部门进行准入审查。

本书认为，若意图实现行政特许权担保，由公权力部门审查确定某项行政特许权是否符合规划要求以及参与竞拍主体是否具有相应的资质条件是前置要求。原因在于，虽然在原有行政特许权之上已存在开发规划要求，但在拍卖行政特许权之时的规划要求可能已不符合当下开发之要求。另外，行政特许权的设立本就需要公权力机关对主体资格进行审查，这既是行政部门的权力，亦是其应当承担的义务。换句话说，通过拍卖程序实现担保物权在一定程度上意味着将已设定好特定用途的行政特许权再次出让出去。当然，在通过法院拍卖行政特许权的过程中，除了需要行政机关履行审查义务外，人民法院也需要承担部分审查义务。若说公权力部门对拍卖申请进行的是实质审查，那么法院对担保物之拍卖裁定实质上便为形式审查。人民法院在审查行政特许权担保物权是否已登记、已届清偿期满之债权尚未受到清偿、法律法规无不得拍卖之限

---

① 《最高人民法院关于审理矿业权纠纷案件适用法律若干问题的解释》第 16 条规定："……人民法院可以拍卖、变卖矿业权或者裁定以矿业权抵债，但矿业权竞买人、受让人应具备相应的资质条件。"

② 参见肖泽晟：《论公共资源特许使用权转让之限制》，载《苏州大学学报（哲学社会科学版）》2018 年第 1 期。

制后，可准许行政特许权流转。国务院在 2015 年印发的《整合建立统一的公共资源交易平台工作方案》提出，为防止公共资源交易碎片化，应建立统一的公共资源交易平台。[①] 本书认为，未来在行政特许权担保物权进入法院拍卖阶段，各省级政府应创造条件充分发挥公共资源交易平台的信息整合的作用，提高行政特许权担保物权拍卖的效率。

（三）行政特许收益权质权的实现

就传统质押的形式来看，应由质权人保管质押标的，而质押人不能再继续利用质押标的。目前针对行政特许收益权质押究竟由谁来行使收益权，法律并无明确规定。换句话说，质权人并无法律明确认可的对出质的行政特许收益权享有应有的管领力。在目前行政特许收益权归于应收账款的前提下，特许经营收益权作为一项无形的付款请求之权利，质权人如何"占有"并实质"控制"这项权利，在实践中存在的困难不容忽视。例如，在质权人不知情的情况下，特许经营权人的债务人提前向特许经营权人清偿债务后，特定的债务已消灭而货币早已发生混同，此时质权人应如何主张自己的权利？再如，当出质人作出损害设质应收账款债权的行为时应当受到何种法律上的约束以及如何维护质权人的利益？本书认为，相对于普通动产/权利质押，应当加强行政特许收益权人对收益权处分的限制。

传统意义上动产质权的实现离不开拍卖、折价、变卖等方式。行政特许收益权质权可否通过上述形式加以实现存在疑惑。行政特许收益权质押标的即为行政特许收益权，那么若主债权无法实现须以行政特许收益权实现质押权时，是否可以单独对特许经营收益权进行折价、变卖和拍卖？如若允许，便会出现特许经营权与特许经营收益权相分离的局面。在（2012）榕民初字第 661 号判决中，法院认为，收益权均附有一

---

① 目前主要整合的是工程建设项目招标投标、土地使用权和矿业权出让、国有产权交易、政府采购等交易市场。

定的负担，依其性质无法成为折价、拍卖、变卖的对象，但在本案中，法院实则判决质权人对污水处理费（收费权）进行优先受偿并非收益权的优先受偿。当然，学理上有学者提出与之相似的观点，认为收益权实质上是一种金钱债权，无法适用变卖、拍卖等实现方式，故应当由质权人直接向第三债务人收取债权的权利。① 最高人民法院民法典担保制度司法解释理解与适用编辑委员会亦认为，与一般的担保财产可以通过拍卖变卖方式变价不同，应收账款属于对人权而非对物权，故不能通过拍卖、变卖方式变价。② 但《民法典担保制度的解释》第61条就基础设施和公用事业项目收益权质权实现方式分情况作出了解释，③ 但实际上，行政特许收益权中包含了收益权和收费权等具有财产权性质的权利。分析行政特许收益权质押对债权的担保作用，不仅要考察权利正常行使时权利收益对债权的保全，而且还要考察非正常状况下的权利中止补偿及权利转让的变现价值，考虑质押权利收益及变现对债权偿还的时间因素。④ 换句话说，在不同类型下，在行政特许项目运行的不同时期，收益权担保实现的方式以及可行性可能存在诸多不同。例如，对于高速公路、隧道等不动产收费权质押，虽然经营者的成本控制能力也会影响质押权利的收益规模，但由于此类项目收益主要取决于过境的车辆数目及收费的标准，维护这种不动产收费权项目的成本占收费收益的比例很低。因此，此类项目收益更多地受到经济环境与政府收

---

① 参见裴亚洲：《民法典应收账款质押规范的解释论》，载《法学论坛》2020年第4期。

② 参见最高人民法院民事审判第二庭编著：《最高人民法院民法典担保制度司法解释理解与适用》，人民法院出版社2021年版，第521页。

③ 《民法典担保制度的解释》第61条第4款规定："以基础设施和公用事业项目收益权、提供服务或者劳务产生的债权以及其他将有的应收账款出质，当事人为应收账款设立特定账户，发生法定或者约定的质权实现事由时，质权人请求就该特定账户内的款项优先受偿的，人民法院应予支持；特定账户内的款项不足以清偿债务或者未设立特定账户，质权人请求折价或者拍卖、变卖项目收益权等将有的应收账款，并以所得的价款优先受偿的，人民法院依法予以支持。"

④ 参见李力、曾凤章：《谈政府授权特许经营权上的权利质押》，载《商业经济研究》2008年第7期。

费政策的影响，经营者风险影响不大。但对于需要提供长期运营服务的水务、能源供应、通信等特许经营项目，提供服务的质量好坏，不仅决定社会公众的满意程度，影响费用收取到账的及时性，而且可能导致经营者违约，提前中止特许经营合同，由此丧失收益权质押担保效力。

本书认为，经营权人享有收益分配权，经营权与收益权并非不可分离。虽然最高人民法院发布的第 53 号指导案例确认质权人有权直接向第三债务人直接收取债权，但并不意味着行政特许收益权质权不能采用传统方式得到实现，只是在采用传统方式实现行政特许收益权质权时可能会由于收益权本身的特殊性产生困扰。本书认为，应当对行政特许收益权质押的实现方式分两种情形进行探讨：

1. 在行政特许权运作良好、以未来收益尚可实现质权人利益之情形

由于行政特许收益权往往是一项持续性财产收益权能，并无必要以变价优先受偿作为质权实现之唯一路径。在行政特许权担保物权实现过程中，可允许行政特许收益作为担保债权的清偿。对此，从域外经验来看，日本法上不动产收益执行制度、美国法上收益型不动产担保和抵押权人占有制度已早有展现。[①]《美国统一商法典》中设置了详尽的监控机制（monitoring），继而减少了权利真正进入担保物权实现程序的数量。若经评估后，企业仍有继续运营的能力，那么就可以在确保企业继续运营的前提下以收益进行清偿，避免由于行政特许权人的变更而带来的一系列风险与时间成本。

2. 行政特许权人无力继续运营之情形

虽然行政特许权担保与行政特许收益权担保是不同的，但由于行政特许收益权对行政特许权具有强烈的依附性，通常情况下在担保物

① 参见谢在全：《担保物权制度的成长与蜕变》，载《法学家》2019 年第 1 期。

权实现时并无收益的直接收取权，原则上只能选择对作为担保标的之行政特许收益权进行折价或变卖、拍卖。当企业遇到不可抗力或基于自身运营问题无法继续维持健康运营状态时，质权人即面临着担保物权无法完全实现的风险。在此，又可分为主债权已到清偿期和主债权尚未期满两种情形。就前者来说，主债权已到清偿期，担保物权即需要实现以对债权进行清偿，若将行政特许收益权作为一项独立的权利单独进行拍卖，一方面，会导致行政特许权与行政特许收益权的分离；另一方面，在特许经营企业无法健康运营时，行政特许收益权已无应有的经济价值。因此，债权人可等待行政特许企业完成破产清算程序实现相应的债权或经当事人协商后可以允许将行政特许权附特许经营收益权担保整体进行拍卖或折价。就后者而言，当主债权尚未到期，而行政特许权主体已无法继续运营时，我们可以设立临时托管制度，通过合法程序选定托管主体对行政特许权进行托管并收取收益以确保质权人质权之实现。

值得一提的是，实践中还出现了由质权人直接向第三债务人直接收取债权以实现担保物权的做法。虽然这种做法从形式上看更有利于维护质权人的利益，更有利于担保物权的实现。但是，行政特许收益权并不仅仅包括特定经营性收益，还包括补偿性收益，在经营性收益项下还包括诸如收费权收益这种未来收益等，如若由质权人直接收取收益可能会造成出质人的损失。如此，当事人在明确质权人可直接收取的债权种类的前提下，可将行使收益权之权利交由相关行政主管部门或第三方托管机构进行，这一方面有助于担保物权的实现，另一方面可对收益权行使的公开公正性加以公示。

（四）行政特许权抵押与行政特许收益权质押实现的优先顺位

正如前文所述，特定的行政特许权与行政特许收益权均可被设定担保物权，在特定情形下二者可被同时设定担保物权。那么当行政特许权抵押与行政特许收益权质押同时存在时，二者的优先顺序应当为何？实际上，行政特许权与行政特许收益权在担保物权设立时应当分属不同的担保标的，在担保物权的设立与实现过程中本不应存在竞合与优先顺位的问题，而此处的特殊性在于，行政特许权包含行政特许收益权，二权利之间存在不可分割的关联关系。因此，本书认为，不应简单地按照担保登记顺序来确定二担保的优先顺序，应当分情况讨论：当行政特许收益权担保登记在先时，其可以优先于行政特许权担保而优先受偿。当行政特许权担保登记在先时，行政特许收益权质押权人可继续就应收账款实现担保物权，但不能以补偿收益与转让收益享有优先受偿权。另外，当行政特许权处于查封登记时，行政特许收益权质押就不再继续享有优先受偿权。因为在此时查封登记属于嘱托登记，在此状态下需要保持现有权利状态，如若仍旧允许行政特许收益权人继续获取相关收益，则会导致查封登记失去其存在的法律意义。

（五）构建统一交易模式规范

这里的“统一”并不等于针对所有行政特许权担保物权的实现采用完全一致的标准，而是应当形成较为全面的可适用于不同行政特许权担保交易的基本程序。其中又可分为两部分：一是交易程序的统一；二是担保物权实现后权利公示程序的统一。在针对行政特许权担保物权的设定与实现问题上，寻找特许权人的行为自由与公共利益的平衡与界限并不是绝对的结果，而只是各方利益的妥协。因此，在此类财产的日常交易活动中应当尽可能提供成熟的程序作为依托。针对行政特许权担保物权设立登记、专家评议审查、担保物拍卖信息发布、评标公示、结果公告等一系列具有共性的程序性要素进行统一编制，实现行政特许权担保物权实现过程的标准化。在此基础上，各地应进一步建立完善统一的信息平台，针对已设定担保的行政特许权以及需要进行拍卖的行政特许权信息进行整合发布，一方面进一步实现信息公开，另一方面推动行政特许权担保物权的顺畅实现。

就权利公示制度来看，《民法典》第 210 条重点提出了对不动产统一登记制度构建的要求，从现行规定来看，我国针对不动产统一登记而制定的《不动产登记暂行条例》与《不动产登记暂行条例实施细则》在一定程度上实现了我国不动产物权登记的统一。但由于原有对动产与权利的公示方式以交付为主，因此动产与权利的登记规则之间存在诸多差异，在动产与权利设定担保过程中出现了不小的制度上的阻碍。当前，我国法律并不缺少权利担保登记制度，缺少的只是统一的权利担保登记制度。其中包括了统一登记机构的择定、登记规则以及登记程序的统一。2019 年，国务院发布的《优化营商环境条例》第 47 条第 2 款明确了建立统一动产和权利担保登记系统的目标。虽然目前我们尚不能通过统一的担保登记平台对行政特许权的担保问题进行监管，但可以通过构建整体性治理的模式以最终实现登记平台的整合。整体性治理机制包括协调机制、整合机制和信任机制。[①] 在建立程序性标准过程中，应当强调自然资源主管部门之间的合作与配合，对行政部门进行权利与义务的整合与配置，在主管部门对特定行政特许权依法批准设立担保物权后应当由统一的担保登记平台进行登记。

二、国家作为行政特许权担保流转受让主体之考量

（一）国家的临时接管制度

临时接管制度，是指当特许经营者面对不可抗力、突发事件或紧急情况时，抑或特许经营者因自身或客观原因丧失履行能力，导致无法继续维持市政公用事业的正常运作时，国家在特许经营者恢复能力或寻找到新的特许经营者之前所承担的即时性应急管理措施。临时接管制度是国家承接责任的具体表现形式之一，也就是在私人主体运作过程中存在失灵情形时国家所要承担的“修补”责任。通常来说，利用行政特许

---

① 参见胡象明、唐波勇：《整体性治理：公共管理的新范式》，载《华中师范大学学报（人文社会科学版）》2010 年第 1 期。

权设定担保，一方面涉及资金较为庞大，另一方面由于开发规划条件较为严格，在对特定的行政特许权进行拍卖时，可能存在无人接盘之风险。面对此类情况，本书认为，可以采取“政府临时接管”之方式以尽可能降低此类风险，以期谋求短期过渡和长期效率之间的平衡。实际上早在2004年，公用事业领域已然出现了政府临时接管的做法，这一情况的出现主要是政府为了应对当公用事业特许经营权面临危机或者会对公共利益造成损害的问题。[①] 从行政学界来看，为避免民营化过程中政府随意通过临时接管制度收回特许经营权而造成特许权人投资风险继而打击特许权人投资信心，国家对公共特许经营领域的临时接管问题当然是持审慎的态度。从立法上来看，根据我国《立法法》的规定，临时接管制度作为一种法律保留事项，其原则上应当由全国人大及其常委会制定法律加以规定。但从我国立法实践来看，虽然临时接管制度在行政规范当中较为常见，但立法上无明确定义且相关制度散见于部门规章及各地方条例中，法律位阶较低，临时接管制度的合法性存疑。具体而言，临时接管制度清晰地出现在《基础设施和公用事业特许经营管理办法》中，但该办法系由多部门联合发布之部门规章，对于临时接管制度的规定合法性存疑。而从效力更高的《行政许可法》来看，其中并未规范临时接管制度，唯一能够模糊指向临时接管制度的第67条也仅规范了被许可人在不履行相关义务时行政主体所需要承担“责令限期改正，或者依法采取有效措施督促履行义务”之责任，[②] 但“有效措施”究竟是否包含临时接管责任无从得知。

但笔者认为，面对行政特许权担保实现的问题时，国家临时接管制度不失为一项可加以利用的制度之一。有学者总结了可采取临时接管措

① 如2004年“黑龙江方正县供热案”，热力公司因无力继续跟进提供供热服务导致方正县居民面临冬季无法正常取暖的困境。如此，方正县政府依据《市政公用事业特许经营管理办法》临时接管供热公司。

② 《行政许可法》第67条第2款规定：“被许可人不履行前款规定的义务的，行政机关应当责令限期改正，或者依法采取有效措施督促其履行义务。”

施的三类情形，分别是紧急情况下的临时接管、特许经营者违反法律法规规定或特许经营协议约定时的临时接管以及特许经营者无法继续经营，申请解除特许经营协议时的临时接管。[①] 简言之，虽然立法上对于临时接管的适用情形尚有差异，但总的来说临时接管都是在特许经营项目不能正常终止时所适用的一种手段。也就是说，我国的政府临时接管制度是一项行政强制管制措施。那么针对行政特许权担保实现情形下的临时接管制度应当如何运行尚存在需要进一步明确之处。

1. 担保物权实现情形下政府临时接管制度的触发

本书认为，担保物权实现情形下政府临时接管措施触发程序应当有二：一是行政机关依职权启动；二是行政特许权人申请启动。就前者而言，依据《市政公用事业特许经营管理办法》等法律文件来看，在满足法定条件时可由行政机关依职权启动政府临时接管制度，在此情形下的临时接管制度应当是一种行政强制措施。就后者而言，正如前文所述，当然应当首先经过正常的司法程序对行政特许权进行处置以保证行政特许权担保的有效实现，但由于特许权转让对受让人的条件限制严格且特许权所涉财产较高，司法拍卖实现担保物权的过程并不一定顺利，会在一定期间内处于无人行使权利的空窗期，造成资源利用效率大幅降低的困境。如此，当行政特许权人确需对行政特许权进行司法拍卖时，可由行政特许权人主动申请行政主管部门临时接管该项目。行政主管部门在收到申请后，应当对申请主体资格、项目运营情况等问题进行实质审查，并通过法定程序听取行政特许权主体的需求及意见。如若行政特许权主体在经过特定政策或措施支持下能够继续经营，那么行政主管部门不应触发临时接管措施。如若行政特许权人确无力恢复生产，在经同级人民政府批准后，可由行政主管部门进行临时接管。

---

① 参见章志远、李明超：《公用事业特许经营中的临时接管制度研究——从“首例政府临时接管特许经营权案”切入》，载《行政法学研究》2010 年第 1 期。

2. 担保物权实现情形下政府临时接管制度的终止

当然，政府临时接管期间的行政特许权主体并未发生改变，其所涉及的债权债务关系亦未转移，也不应对担保物权人权利的实现产生影响。但政府临时接管作为一项临时措施，需要明确临时接管制度的终止条件。结合当前的立法规范，政府临时接管措施的终止主要有两种情况：一种是需要满足法定的终止条件，另一种是临时接管期限届满。笔者认为，在行政特许权担保实现过程中的临时接管措施的终止应当有两种情形：一是行政特许权经过司法程序完成流转，恢复了行政特许权正常运行的能力；二是临时接管期限届满行政特许权仍未得到流转。从我国立法来看，临时接管期限最长不超过 2 年，[①] 因此，如若 2 年届满后行政特许权仍无法被正常流转，则临时接管措施应当终止，由政府或行政主管部门依照法定程序重新确定新的行政特许权主体。此时，需要讨论的便是行政特许权担保应当如何实现？此时，需要分情形讨论：

一是行政特许权期限届满，则行政特许权由行政主管部门收回。此时，由于行政特许权这一担保标的已不存在，那么应当由行政特许权人另外提供相应的担保并就担保物权人的损失予以赔偿。

二是行政特许权未届满而行政特许权人无力继续运营，由行政主管部门收回。此时，行政主管部门应当在剩余年限范围内对行政特许权人的剩余权利及财产予以补偿。此时，担保物权人可基于担保物的物上代位权就补偿金实现担保物权。

三是行政特许权未届满而行政特许权人无力继续运营，担保物权亦未到清偿期，行政特许权被行政主管部门收回。此时，担保物权人可要求行政特许权人另行提供相应担保或就行政特许权收回的补偿金等进行提存。

---

① 如《商业银行法》第 67 条规定："接管期限届满，国务院银行业监督管理机构可以决定延期，但接管期限最长不得超过二年。"

（二）国家优先回购权

在实现行政特许权担保的过程中，行政特许权的受让主体当然需要受到着重的考量，以尽可能确保受让主体能够对资源合理开发利用或者对特定行业合理经营。在考察受让主体适格性问题的过程中，有学者认为，针对公共资源特许使用权，国家应当享有优先回购权。在自然资源主管部门代表国家行使优先回购权时，法院不得对特许使用权进行司法拍卖。[①] 本书认为，在行政特许权担保实现过程中，可以允许国家享有优先回购权，但这一权利的享有原则上需要在特许权人设定担保之时由主管部门先行与特许权人进行约定。原因在于：

首先，就国家优先回购权的性质而言，其究竟是一种公权还是私权仍有值得商榷之处。有观点认为，国家在初始配置公共资源的合同中，国家与特许权人所签订的合同属于行政合同，属于行政行为的一种，对法院具有构成要件效力。[②]《民法典》第 246 条第 1 款规定："法律规定属于国家所有的财产，属于国家所有即全民所有。"简言之，我国全民所有由国家所有来体现。那么由此产生的疑问便是，为何国家行使优先回购权就是一项公权力而私法中的优先购买权就被认定为一项私权利呢？笔者认为，虽然国家所有权的主体本身具有多重性，但国家作为财产权的主体存在的时候，与其作为主权者的身份应当相分离，作为所有权主体的国家所享有的优先回购权与私法所有权主体所享有的优先购买权具体相似性，应当被认定为一项私权利。但之所以允许在行政特许权担保实现过程中由国家享有优先回购权，体现了行政干预之色彩。

其次，公共资源合理开发与利用是国家与政府所应当履行的职责所在。相较于私人的优先购买权，国家行使优先回购权在一定程度上更有

---

① 参见肖泽晟：《论公共资源特许使用权转让之限制》，载《苏州大学学报（哲学社会科学版）》2018 年第 1 期。

② 参见肖泽晟：《论公共资源特许使用权转让之限制》，载《苏州大学学报（哲学社会科学版）》2018 年第 1 期。

利于保护市场交易主体与公共利益。因此，应当允许国家在同等条件下行使优先回购权。

最后，国家优先回购权的行使应当由主管部门先行与特许权人约定。若在设定行政特许权担保时缺乏有关优先回购权的约定，虽然特许部门在行政特许权担保实现过程中行使优先回购权有利于未来对公共资源的合理利用，但囿于现实中行政主管部门的行政权力以及在缺乏竞争机制下特许权担保实现导致的流转缺乏竞争机制，可能会使主管部门在行使优先回购权时造成特许权人一定利益的损害。另外，虽然行政主管部门享有优先回购的权利，但由于当下从制度上尚未对政府购买资金来源进行规范，从实践层面该权利的落实尚有较大难度。

三、行政特许权担保实现过程中对权利人的保护

（一）行政主体对“特许经营权”担保设定的影响

正如前文所述，实践中关于特许经营权担保的设立往往需要行政机关的事先同意，而同意的作出方式主要有二：一是在特许经营协议中事先约定是否允许特许经营权人就特许经营权设定担保；二是在特许经营权人需要将特许经营权设定担保时征得行政主体的书面同意。由此产生的核心问题便是：行政机关是否有权力（权利）决定特许经营权担保与否？

就前种模式而言，行政机关主要基于国家发展和改革委员会颁布的《政府和社会资本合作项目通用合同指南（2014 年版）》与中央金融工作会议办公室等三部门颁布的《PPP 项目合同指南（试行）》两份文件，两份文件中均就特许经营协议中行政机关对担保问题的约定作出了相应的指引。就后种模式而言，其更多的是基于各地方关于特许经营权担保的地方性法规之规范。本书认为：

第一，在特许经营协议中，行政主体与特许经营权人明确约定不得以特许经营权作为担保标的时，不影响特许经营权担保合同的效力。从

《民法典》物权编担保物权分编的体例来看，尽管法条对于担保物权的标的之范围采取了正反清单的立法方式，但无论是第395条关于可抵押的财产范围的规定还是第440条关于权利质押的财产范围的规定，未尽之财产都要基于“法律、行政法规”之认可或禁止，并未赋予行政机关、当事人以及地方政府自我决定特许经营权是否可以设定担保的权利。因此，行政主体与特许经营权人所签订的特许经营协议中关于能否将特许经营权设定担保的约定以及行政机关作出的书面同意，不能成为决定特许经营权能否设立担保的条件。

第二，在行政主体允许特许经营权人以特许经营权设定担保时并不等于特许经营权可以成为担保标的。一方面，正如前文所述，特许经营权是一项具有强烈资格属性的权利，其不应当成为担保物权的标的，能够成为担保标的的权利应当是特许经营收益权。另一方面，行政主体同意特许经营权转让和事先同意特许经营权设定担保是存在不同之处的。虽然从广义上讲，担保也属于转让的一种，但担保的实现存在滞后性。设定特许经营权担保的当下可能具备特许经营权转让的条件，但特许经营权担保物权实现之时，与公共利益密切相关的特许经营权可能丧失了转让他人的良好时机，也给担保物权人担保物权的实现带来极大的风险。

第三，以特许经营权作为担保标的的担保协议在无法律行政法规强制性禁止性规定下不应否认其效力。由于我国法律法规中并没有针对行政合同设定生效方面的行政程序，实践中就行政合同中条款约定的效力以及法律适用上有时存在疑问。首先，由于法律、行政法规并未对特许经营权能否设定担保作出明确的规范，特许经营权人在征得了行政主管部门事先同意的情况下设定特许经营权担保且能够顺利完成中国人民银行担保登记，其已经履行了相应的注意义务，也基于行政主管部门的同意而获得了担保已然设立的内心确信。其次，特许经营权的概念包含了特许经营收益权的概念且超过了特许经营收益权的范围。既然行政主管部门能够允许特许经营权人将特许经营权设定担保，那么举重以明轻，特许经营收益权也应当被允许担保。再次，即使特许经营权人在未征得行政主管部门的同意而擅自将特许经营权设定担保且完成担保登记的情况下，由于行政主管部门的同意并不影响担保协议的效力，此时合同仍然有效设立。但因为特许经营收益权担保的设立可以纳入应收账款质押范围，因此也应当允许担保物权人基于特许经营收益权实现担保。最后，在未完成担保登记的情况下，即使合同有效，但由于物权未有效设立，因此，担保权人仅能依据担保合同主张特许经营权人的责任。

第四，以特许经营权作为担保标的的担保协议存在法律、行政法规强制性、禁止性规定时可采取无效行为转换理论保护担保权人之利益。无效行为转换理论已在前文有所探讨，在此不再作过多赘述。

（二）非基于行政主体责任造成特许权灭失时对担保物权人的救济

与行政特许权行使有关的案件往往需要利用行政诉讼途径进行解决。如在有限自然资源开发领域，政府收回某项自然资源特许使用权常常被认定为具体行政行为。非基于行政主体责任造成行政特许权人权利灭失的原因主要有二：第一种情况是基于公共利益而将不符合发展需求的行政特许权进行收回；第二种情况是基于行政特许权主体的违法行为而被行政机关吊销行政特许权。[①] 在上述情况下，应如何保护担保物权人的权利？

就第一种情况而言，我国立法针对行政特许权的收回大多有所规定。行政机关只要是在权限范围内采取行政行为也就不属于侵权行为，而应属于不可抗力。因此，一方面，特许权人可依据相关规定要求行政

① 例如《基础设施和公用事业特许经营管理办法》第41条第1款规定："在特许经营期限内，因特许经营协议一方严重违约或不可抗力等原因，导致特许经营者无法继续履行协议约定义务，或者出现特许经营协议约定的提前终止协议情形的，在与债权人协商一致后，可以提前终止协议。"

机关给予相应的补偿；另一方面，特许权人基于政府行为导致的无法履行担保义务，无须向担保权人承担民事责任。但行政特许权担保权人可基于《民法典》第390条就获得的赔偿金或补偿金要求优先受偿或提存。

就第二种情况而言，行政特许权担保物权无法正常行使的原因在于行政特许权人基于过错（如违背诚实信用原则）使行政特许权灭失或不存在，给担保物权人造成了损失。有学者认为，行政特许权是公法上的权利，对应的是行政机关的义务，只有反射到民事领域才具有部分民事权利属性，且多数情况下并非既得的、稳定的财产权利，且该权利同时负有许多行政法上的义务，其内容和边界往往由行政机关通过利益衡量加以确定，因而在受到侵害时，应首先寻求行政机关的保护而非直接提起诉讼。[①] 对此，《山西省煤炭资源矿业权出让转让管理办法》第61条第2款规定，抵押备案的煤炭资源矿业权被依法吊销许可证的，由债务人承担法律后果。本书认为，基于行政特许权人的过错导致行政特许权被行政机关收回的，虽然行政特许权被行政机关利用公法手段而吊销，但仍然不能改变行政特许权人与担保物权人之间形成的民事法律关系。在担保物权关系之中，若仅由债务人承担不利的法律后果不仅会给债务人附加更多的责任与义务，也不会给担保物权人的债权实现带来益处。因此，在行政特许权灭失后，担保物权人应当仍然可以基于《民法典》第408条要求行政特许权人提供与减少的价值相应的担保或要求债务人提前清偿债务。[②]

---

① 参见肖泽晟：《论公共资源特许使用权转让之限制》，载《苏州大学学报（哲学社会科学版）》2018年第1期。

② 《民法典》第408条规定："抵押人的行为足以使抵押财产价值减少的，抵押权人有权请求抵押人停止其行为；抵押财产价值减少的，抵押权人有权请求恢复抵押财产的价值，或者提供与减少的价值相应的担保。抵押人不恢复抵押财产的价值，也不提供担保的，抵押权人有权请求债务人提前清偿债务。"

（三）行政主体超越权限造成特许权人利益损害后的救济

行政主体超越权限造成特许权人利益损害可分为两种情形：第一种是行政主体超越法定权限造成行政特许权人利益损害；第二种是行政主体违反特许协议约定义务给特许权人造成损害。

行政主体超越法定权限造成行政特许权人利益损害又可分为三种情况：第一种是行政机关在行使权力时欠缺合理的注意而产生的过失责任；第二种是行政机关违反法定义务造成行政特许权人的利益损害；第三种是行政机关故意侵害行政特许权利而构成职务上的故意侵害。但值得注意的是，除了最后一种情况应当由行政主体承担赔偿责任外，行政特许权人基于前二种情况并不必然能够获得行政主体的赔偿。在如此情形之下，可能造成已设定担保的行政特许权项目价值贬损，继而影响担保物权人担保权的实现。但无论行政主体是否给予行政特许权人以赔偿，担保物权人可基于《民法典》第 390 条就赔偿金（行政机关予以赔付的情况下）向行政特许权人主张优先受偿或提存，亦可基于《民法典》第 408 条要求行政特许权人提供相应价值的担保。

真正的问题在于，当行政主体违反特许协议给特许权人造成损害时应当如何适用法律并处理纠纷，是应当向法院提起行政诉讼还是民事诉讼？换句话说，公法上要求相关公权力主体针对行政特许权人在行使权利的过程中承担管理义务，但如若公权力主体违反特许经营协议滥用权力给特许权人以及担保物权人造成损害又该如何处理呢？目前，学界对特许经营协议的性质及其与行政合同的关系问题仍存在诸多争议。有观点认为，取得采矿资格的民事主体与国家之间形成了一种合同关系，在这个合同关系中，作为采矿权人的一方与矿产资源所有人的国家之间的地位是平等的。[①] 有学者提出，特许经营协议在性质上属于行政合同。[②]

① 参见王智斌：《行政特许的私法分析》，西南政法大学 2007 年博士学位论文，第 116 页。

② 参见任海青：《公共资源特许制度研究》，南京大学 2014 年博士学位论文，第 122 页。

有学者提出，行政合同双方的法律地位是平等的，而非命令服从的关系，所以这样的合同应当被定位为民商法上的合同。① 除行政机关之间的合同，或者强制征收等行政合同外，其他都是民事合同。② 还有学者认为，特许经营协议应当是行政授权性法律文件，因此，政府基于维护公共利益的需要，可以单方面终止或变更特许权协议。③ 学界诸多的争议导致实践中行政机关在违反合同后，争议解决的方式和效力存在极大的不确定性。

同时，立法上对行政特许协议的属性问题亦存在一定的差异，如《银川市市政公用事业特许经营管理条例》第 33 条明确规定了特许经营关系当事人双方在违约时应当承担相应的责任。④《湖南省市政公用事业特许经营条例》第 20 条虽然规定行政主体不得擅自撤回或改变协议，但并未说明如若出现此类情况应如何保护特许权人之利益。从域外立法来看，《法国公共合同法典》明确规定了公用事业特许经营契约属于行政合同。⑤ 英国没有法国的行政契约理论，因此行政机关的契约原则上适用一般契约法规则。⑥ 行政合同除了首先适用公法规范外，《联邦德国行政程序法》第 62 条明确规定了可以适用民法规范的情形。我国现行法尚没有对行政合同作出实质性规定，仅在《行政诉讼法》第 12 条第 1 款第 11 项中规定政府机关不依法律法规或者约定履行、变更、

---

① 参见崔建远：《行政合同之我见》，载《河南省政法管理干部学院学报》2004 年第 1 期。

② 参见梁慧星：《民法学说判例与立法研究》第 2 辑，国家行政学院出版社 1999 年版，第 191 页。

③ 参见李显冬：《市政特许经营中的双重法律关系——兼论市政特许经营权的准物权性质》，载《国家行政学院学报》2004 年第 4 期。

④ 《银川市市政公用事业特许经营管理条例》第 33 条规定："市政公用事业主管部门或者市政公用事业特许经营者违反协议的，由过错方承担违约责任，造成损失的，依法承担赔偿责任。"

⑤ 参见王名扬：《王名扬全集：法国行政法》，北京大学出版社 2016 年版，第 144 页。

⑥ 参见王名扬：《王名扬全集：英国行政法、比较行政法》，北京大学出版社 2016 年版，第 184 页。

解除政府特许经营协议时，当事人可以提起行政诉讼。[①] 2015 年实施的《最高人民法院关于适用〈中华人民共和国行政诉讼法〉若干问题的解释》(已失效)第 11 条对《行政诉讼法》第 12 条第 1 款作出了进一步说明，并明确提出了“行政协议”这一概念。[②] 但这一解释随着 2018 年实施的《最高人民法院关于适用〈中华人民共和国行政诉讼法〉的解释》已然失效，新的司法解释采用“反面清单”的模式列明不属于行政诉讼受案范围的情况。从这一范围来看，行政合同争议仍然应当采取行政诉讼的方式。从我国地方立法来看，《山东省行政程序规定》《湖南省行政程序规定》等对行政合同作出了规范。就特许经营权的设定来看，民营资本需要通过与政府签订特许经营协议以获得特许经营的收益权。但由于 2014 年修正的《行政诉讼法》将特许经营协议纳入行政诉讼范围，基于行政权力对特许经营收益权的干预以及行政诉讼对当事人权利保护的现状，实际上对权利人将收益权进行融资担保在一定程度上造成了阻碍。

需要看到的是，若将行政特许协议视为一种私法契约，那么在签订合同时，行政机关的行为就会因未被纳入公法轨道而缺少公法规制最终在一定程度上逃避行政原则的限制。因此，有学者提出，应当将行政合同从民事合同中独立出来，将行政机关通过合同出让公共资源的权力建构为公法上的分配权。[③] 实际上，行政机关通过与特许权人签订合同的形式分配公共资源，设定特许经营权，并不意味着合同上载明的权利与义务完全来源于合同的约定与授予，而是行政机关将其可以让渡的资源

① 《行政诉讼法》第 12 条规定：“人民法院受理公民、法人或者其他组织提起的下列诉讼：……（十一）认为行政机关不依法履行、未按照约定履行或者违法变更、解除政府特许经营协议、土地房屋征收补偿协议等协议的；……”

② 《最高人民法院关于适用〈中华人民共和国行政诉讼法〉若干问题的解释》(已失效)第 11 条第 2 款规定：“公民、法人或者其他组织就下列行政协议提起行政诉讼的，人民法院应当依法受理：（一）政府特许经营协议；……”

③ 参见陈国栋：《作为公共资源配置方式的行政合同》，载《中外法学》2018 年第 3 期。

使用权或特许经营权通过公平平等的合同形式来授予特许权人。因此，在行政机关的行为造成了特许权人利益的损害并导致抵押权无法实现时，应当对行为的合法性与违约性同时进行考察。一方面考察行政机关不履行特许协议的合法性（是否基于公共利益或合法权力而在协议履行方面存在不适当或违约的情形），另一方面需要承认行政特许权人基于所受损失享有的取得补偿的权利。[①] 从司法层面来说，当特许权人与行政机关出现纠纷时，行政机关往往会利用其享有的公权力而行使具体行政行为以代替司法手段解决矛盾。而在矛盾发生时，地方政府是否具有民事主体资格都存在一定的疑问。另外，即使进入民事审判阶段，被告要求行政机关通过行政行为以保证其特许经营权的专营性，民事法官对此行政行为无权强行要求行政机关履行。因此，当公权力主体违反特许经营协议滥用权力给特许权人以及担保物权人造成损害，行政特许权人应基于行政特许协议提起行政诉讼，担保物权人作为行政诉讼第三人（原告第三人）维护自己的权益。

（四）引入专业化商业保险

实践中，银行在作为抵押权人设定担保时，往往会要求抵押人办理相关保险。由于行政特许权担保从设立到实现的过程中亦会存在不小的风险，因此可将此模式运用到行政特许权担保当中。通过开发设计针对行政特许权担保的商业保险，当面对行政特许权担保物权难以实现的情形时，在符合特定条件下，可由保险公司对担保物权人的利益予以保障。当然，在当前的实践环境中，由于行政特许权担保的不确定性，专业商业保险公司的积极性并不很高。对此，可由政府指导，采取对特定

① 益民公司诉河南省周口市政府等行政行为违法案，最高人民法院（2004）行终字第6号行政判决书。

行政特许权担保类型设定保险的方式先行进行探索，如针对已被《民法典》认可的海域使用权抵押等担保物权设定专业化的商业保险，在不断成熟后逐渐推广至整个行政特许权担保之中。

结　　论

依据《行政许可法》规范及学理通说，行政特许权可分为自然资源特许使用权、公共资源特许使用权以及特许经营权三类。虽然行政特许权具有强烈的公法属性，但其所呈现的私权特征却无法被忽略，因此，不能拒绝行政特许权进入民事领域。然而，行政特许权可以受到私法的调整并不意味着所有类型的行政特许权均可被允许设定担保物权。一方面，并非所有的行政特许权均为财产权。自然资源特许使用权与公共资源特许使用权应被归属于财产权，而特许经营权实则是一项具有身份属性的权利。因此，特许经营权不应被允许设定担保物权。另一方面，并非所有的财产权均可转让，可转让性是财产权可设定担保的前提。虽然自然资源特许使用权与公共资源特许使用权可被认定为财产权，但并不等于均可设定担保物权。某些具有特殊用途，如具有军事用途的特许权原则上是不允许被流转的，在此类行政特许权之上不能设定担保物权。

行政特许权担保与行政特许收益权担保、国家公物担保是不同的，相互之间也是不能彼此替代的。就行政特许权担保方式来看，除特许经营权以外的其他权利由于与不动产标的有着强烈的关联，应当采抵押方式。而行政特许收益权担保则应被纳入应收账款质押范畴之中。应当将登记作为设立行政特许权担保的公示方式，并且应当采取登记生效主义。在行政特许权担保登记时，还需要注意区分行政特许权担保物权登记机关与监督机关二者之间的权限与关系，尽可能减少基于权限不明导致的行政特许权担保效率的下降。

值得注意的是，行政特许权担保主要是从实践推动而来，某些行政特许权的担保在当前缺乏法律明确规范，行政特许权担保形式、当事人之间的权利义务关系、担保物权实现程序等问题实际上均由合同进行约定。换句话说，基于意思自治而形成的合同促使物权法定原则继续缓和，继而也与我国《民法典》确认的担保物权功能主义思想相契合。因此，应当重视保护行政特许权人基于担保合同所享有的权利。另外，在目前立法尚有欠缺的情况下，某些行政特许权担保可能出现无法登记的问题，在此种情况下需要关注未经登记的行政特许权担保效力以及如何保护当事人利益的问题。在行政特许权担保人未办理登记的情况下，担保人在担保合同中通常已经作出以特定担保物为涉案债权实现提供担保的明确意思表示，未办理担保登记之事实并不导致该意思表示的消灭，担保人仍应就担保合同的相关约定承担合同义务与责任，债权人可以基于担保合同要求对方履行合同责任。

行政特许权担保的实现可以由担保物权人在一定限度内自行处分，也可以由当事人声请法院实现担保物权，但需要注意司法机关与行政机关之间的协调问题。行政特许权担保物权实现过程中首先需要行政机关对受让人资格进行实质审查，而后由司法机关依法定程序对行政特许权进行处分。在行政特许权担保物权实现的过程中还需要注意效率问题。通常来说，行政特许权之担保一方面涉及资金较为庞大，另一方面由于开发规划条件较为严格，行政特许权担保物权的实现过程往往周期较长，甚至可能出现无人接盘之风险。面对此类情况，可以采取“强制管理”的方式以尽可能降低此类风险，尽可能维护对公共资源的有效利用。也正由于行政特许权担保物权从设立到实现的过程存在诸多风险，应当特别注意对权利人的利益保护。

后　记

在我一岁半初入托儿所时，大概由于对陌生环境的不适，午休时任性地坐在小床上，整个中午都不休息。托儿所阿姨怕我太无聊，又大概认为小孩子翻书翻累了就会睡觉，便拿了几本小画书给我，结果我可以一整个中午反复翻看这几本小册子也不休息。后来一位阿姨跟我父母说，“这么小的孩子能坐着看一整个中午的书，长大了要成为博士呦”。谁曾想，当时的一句玩笑话，竟然在二十几年后的今天变成了现实。其实，若你去问刚上大学18岁时的我对未来有什么规划，我可能会告诉你各种答案，但攻读博士学位对于尚且年少的我来说应该是可望而不可即之事。回想起来，我能够下定决心攻读博士学位，走完这条不算容易的路，更多的是要感谢引领我、帮助我的师友们。

首先要感谢我的恩师房绍坤老师以及我的师母袁红玉老师。从硕士阶段开始跟随房老师学习的许多年里，每一篇论文习作的切磋修改，每一次校内校外科研项目的打磨与完成无不凝结着恩师的专业指导和严格要求。在博士毕业论文的撰写过程中，从选题开始，到论文的结构、文字表达，再到最后的完成，房老师不辞辛劳地给予我极为细致的指导。是房老师把我从一名浅涉法学专业的懵懂青年引领、教诲至博士毕业。恩师对我的指导和影响之大，怎样言说都表达不尽。房老师在学术上万分的严谨、极为严格的自律以及对学生十足的耐心，无一不值得我终生学习。感谢我的师母在生活中教给我许多人生哲理与生活智慧，在我论文写作的过程中给予我很多正能量，令我在阳光的心态下顺利完成三年学业。

同时需要感谢吉林大学法学院的马新彦老师、曹险峰老师、孙良国老师、李国强老师，感谢各位老师对我毕业论文篇章结构与内容提出的建设性意见。还要感谢曹相见老师、王立栋老师、邢斌文老师，感谢各位老师在我学习中给予我的帮助。

感谢烟台大学法学院的王洪平老师、张玉东老师、林广会老师。感谢王老师在我博士论文修改阶段提出的专业性建议。感谢张老师、林老师将他们在学习过程中的经验无私分享于我，令我受益匪浅。

感谢同门的兄弟姐妹们对我的关心与照顾，尤其感谢郑倩师姐、唐冉师姐、严聪师兄，感谢他们在我学习过程中遇到困惑时及时地告知我方法与经验。感谢柳佩莹同学、任怡多师妹、张泽嵩师弟、宋天骐师弟，读博期间我们相互勉励、相互帮助、共同进步。

感谢我的父亲母亲。我人生中每一个重要的阶段都有他们的陪伴。在我的成长道路上，父母让我接受到了足够的爱与关心。在读书的这些年里，除了在学校里汲取知识外，父母像朋友一样陪伴着我，令我幸运地拥有了温暖坚定的心与表达爱的能力。其实，在快要三十岁的年纪，能够不需要背负经济与精神压力去攻读博士学位是一件奢侈的事情。因为有我的父母，我才获得了完成博士学位的勇气、信心与可能。

博士毕业步入工作岗位已二年有余，但这并非意味着我学生身份的结束，我仍然是刚刚踏上学术道路需要继续努力的青年学生。在攻读博士学位的整个阶段，我知道自己并不是十分优秀的，工作之后亦有诸多不足。我想，每当师友们在鼓励我、夸奖我的时候，更多的应该是因为他们对我的关心与爱护吧。我不会因为大家对我的鼓励而自满，但会因为有师友在我身边关心爱护我而幸福起来。再次感恩感谢！衷心祝愿师长与亲友们永远幸福安康！